Sikorsky SH-3 Sea King

"O' Scarrafone" è uno dei tanti nomignoli affibbiati ad una macchina che ha veramente fatto la storia dell'Aviazione Navale italiana: l'SH-3 Sea King.

Se per l'AMI la macchina eterna per antonomasia è stata l'F-104 Starfighter, rimasto in servizio per 40 anni, per la Marina Militare italiana il vero decano volante è stato proprio il Sea King, che nel 2008 ha superato i 40 anni di servizio ed è poi stato messo definitivamente a terra nel Giugno del 2013, con l'ultimo esemplare a volare, guarda caso, proprio il 6-01, primo esemplare consegnato e l'unico prodotto negli Stati Uniti, con alle spalle una storia molto avventurosa come avremo modo di leggere.

Un macchina quindi leggendaria quindi, che ha però una genesi molto lineare e ben definita.

Siamo agli inizi degli anni '50 ed ormai il baricentro della Guerra Fredda, e soprattutto la sua minaccia globale legata al potere atomico, sta gradualmente passando dal vettore aereo, a quello missilistico, soprattutto grazie ai missili trasportati a bordo dei sottomarini.

Questi ultimi per effetto dell'introduzione dell'energia nucleare come propulsione ed armati con missili capaci di range dell'ordine di migliaia di chilometri, erano diventati i reali spauracchi delle due superpotenze.

Sikorsky SH-3 Sea King

"The cockroach" is one of the many nicknames attached to a chopper that has truly made the history of the Italian Naval Aviation: the SH-3 Sea King. If for ITAF the eternal machine par excellence was the F-104 Starfighter, which remained in service for over 40 years, for the Italian Navy the real flying dean was the Sea King, which in 2008 had already more than 40 years old of service and was then definitively grounded in June 2013, when the last example to fly, coincidentally, was 6-01, the first unit delivered and the only produced in the United States, with a history behind it adventurous as we would read.

A legendary machine therefore, which however has a very linear and well-defined genesis. At the beginning of the 1950s and by now the centre of gravity of the Cold War, and above all its global threat linked to atomic power, is gradually moving from air carried weaponry to the missile carrier, moreover thanks to the missiles carried aboard submarines.

The latter, due to the introduction of nuclear propulsion and armed with missiles with thousands of kilometres range, had become the

SH-3D, MM5006N, del primo lotto con la colorazione utilizzata quando assegnato al Nucleo Lotta Anfibia (NLA). (F. Anselmino)

First batch SH-3D, MM5006N, sporting the camo used when assigned to Nucleo Lotta Anfibia (NLA). (F. Anselmino)

In queste due fotografie la MM5003N, in hangar a Catania e in volo al largo delle coste della Sicilia. (S. Bottaro e Autore)

In a hangar in Catania and in flight off the coast of Sicily the MM5003N,. (S. Bottaro and Author)

La loro localizzazione e distruzione fino all'ultimo battello era diventata la vera missione delle flotte statunitensi e sovietiche negli Oceani.
Ma per poter svolgere al meglio la ricerca ed il contrasto antisommergibili c'era bisogno di mezzi adeguati, in modo particolare di mezzi aerei.
Questi, se ci concentriamo alla sola ala rotante, i modelli esistenti erano ormai al limite delle prestazioni.
Era necessario qualcosa di nuovo ed innovativo.
Gli SH-34 Seabat non disponevano più di alcun margine di crescita e comunque la necessità di ripartire il lavoro di ricerca e caccia tra due mezzi, per motivi di peso ed autonomia, complicava ancor più la cosa.
La risposta a questo problema è stato il progetto S-61 della Sikorsky, un mezzo propulso da due turbine che per l'epoca in cui venne costruito rappresentava un qualcosa di rivoluzionario.
Con un rotore articolato a cinque pale che potevano essere ripiegate senza l'intervento di personale esterno, grazie alla presenza di un sofisticato impianto elettroidraulico comandato dall'interno del cockpit e la presenza di una coda ripiegabile lateralmente come sul Seabat, il nostro Sea King poteva venir facilmente ricoverato all'interno degli hangar delle unità navali.

real bogeymen of the two superpowers. Their location and destruction down to the last boat had become the real mission of the U.S. and Soviet fleets to the Oceans. But in order to carry out antisubmarine search and contrast them in the best possible way, adequate means were needed, in particular flying means. The at the time assets, if we focus only on the rotary wing, were then at the limit of performance. Something new and innovative was needed.
The SH-34 Seabat no longer had any room for growth and, in any case, the need to divide the search and attack duties between two vehicles, for reasons of weight and autonomy, made it even more complicated.
The answer to this problem was the Sikorsky S-61 project, a vehicle powered by two gas turbines that for those times represented something revolutionary. With a five-blade articulated rotor that could be folded without the intervention of external personnel, thanks to the presence of a sophisticated electro-hydraulic system controlled from inside the cockpit and the presence of a tail that can be folded sideways like the Seabat, our Sea King could be easily recovered in naval units'

Lo SH-3D 6-01, MM5003N, fu l'unico Sea King utilizzato dall'Aviazione Navale costruito negli Stati Uniti dalla Sikorsky, oggi è Gate Guardian a Grottaglie. (Autore)
The SH-3D 6-01, MM5003N, was the only Sea King used by Aviazione Navale built in the United States by Sikorsky, today is Grottaglie's Gate Guardian. (Author)

Bella formazione di tre Sea King, M5003N/6-01, MM5005N/6-03 e MM5009N/6-07. (Autore)
Beautiful line-up of three Sea Kings, M5003N / 6-01, MM5005N / 6-03 and MM5009N / 6-07. (Author)

Le pale poi erano prodotte cave ed in lega leggera, in modo tale da poter essere riempite di gas inerte, la cui fuoriuscita veniva segnalata in cabina come perdita e quindi relativa frattura della pala medesima.
Giusto per comprendere quanto fosse rivoluzionario, anche se i comandi rimanevano tradizionali, ovvero comandati da una serie di servocomandi idraulici, il Sea King era dotato di un sistema di stabilizzazione dell'assetto capace di acquisire la superficie, in congiunzione con un radaraltimetro, e portare in modalità del tutto automatica il grosso elicottero fino all'hovering alla quota impostata e mantenerlo per tutto il tempo necessario a filare in acqua il sonar.
Disponeva di una struttura in grado di garantire delle capacità anfibie, potendo ammarare in acqua e procedere anche in dislocamento, pur se per brevi tratti e con la superficie del mare perfettamente calma.
Non disponeva più di braccia metalliche per le ruote, ma di sponson esterni entro cui le stesse si potevano ripiegare, diminuendo la resistenza e soprattutto facendo un tutt'uno con i galleggianti per l'ammaraggio di emergenza.
Insomma un mezzo progettato per volare a bassa quota sul mare e restarci anche a fronte di condizioni metereologiche avverse.

hangars.
The main rotor blades were hollow and in light alloy, so that they could be filled with inert gas, as any leakage was signalled in the cabin as a loss of pressure, and therefore micro-fracture could be detected. Just to understand how revolutionary it was, even if controls remained traditional, or controlled by a series of hydraulic servos, the Sea King was equipped with an attitude stabilization system capable of acquiring sea surface, in conjunction with a radar altimeter, thus driving, in fully automatic mode, the large helicopter until hovering at the set altitude and keep it there for as long as necessary to deploy the underwater sonar.
It had a structure capable of guaranteeing amphibious capacities, being able to land on the water and also proceed in displacement, albeit for short stretches and with the sea surface perfectly calm.
It no longer had undercarriage metal struts, but external sponsons, where it could fold, decreasing air resistance and above all making an all-in-one buoyancy system for emergency ditching.
In short, a vehicle designed to fly low over the sea

La linea di montaggio dei Sea King presso l'Agusta a Cascina Costa. (Agusta)

The Agusta assembly line for the Sea King in Cascina Costa. (Agusta)

Due viste di SH-3D con la prima colorazione, il 6-12 è uno di quelli modificati con radome contenente il radar AN/APN-195. (entrambe S. Bottaro)
Two views of SH-3D with the first camo, the 6-12 is one of those modified with a radome containing the AN/APN-195 radar. (both S. Bottaro)

In questa pagina alcune immagini di Sea King operativi sulla Maristaeli Catania. (S. Bottaro, Autore, G. Gastaldi)

In this page some pictures of Sea King operating from Maristaeli Catania. (S. Bottaro, Author, G. Gastaldi)

SH-3D, MM5013N/6-11, fotografato a maggio del 1986. (F. Anselmino)
SH-3D, MM5013N/6-11, photographed in May 1986. (F. Anselmino)

Ovvio e naturale quindi che venisse chiamato "Re del Mare".
Mentre la U.S. Navy aveva da poco iniziato la sua acquisizione, anche in altri paesi europei e non iniziò a nascere un certo interesse.
In Italia la situazione non era ottimale.
Ci stavano imbarcati sulle unità maggiori, i due Doria in primis, gli AB-204AS, dei veri gioielli di tecnica per la loro epoca, ma con limitazioni nei pesi e monomotori, mentre sulle unità più piccole come le fregate Bergamini, venivano imbarcati gli AB-47J-3, che però potevano costituire soltanto un braccio armato della nave in quanto dotati di limitatissime capacità di scoperta.
In quel periodo, primi anni '60, si stava facendo largo la teoria dell'elicottero "pesante" con base a terra, dotato di una buona autonomia tale da permettergli di raggiungere velocemente i diversi "Choke points" dei mari che circondano l'Italia e poi rimanerci per diverso tempo.
Un tipo di profilo che ben si attagliava al nostro Sea King e che forse andava anche oltre.
L'Agusta comprese subito la bontà del progetto della Sikorsky e nel 1964 si aggiudicò la produzione su licenza per le esigenze dei paesi europei e mediorientali.
Il primo ordine venne quasi subito, siamo nel 1965, da parte della Marina Militare italiana che ordinò

and stay there even in the face of adverse weather conditions. Obvious and natural therefore that it was called "King of the Sea". Whereas US Navy had recently started its acquisition, also in many other European countries interest had arisen. In Italy the situation wasn't optimal. The AB-204AS, real technical jewels for their time, were embarked on major units, the two Doria-class cruisers in first place, but with limitations for weights and single-engine operations, while aboard smaller units such as Bergamini-class frigates, they embarked the AB-47J-3, which however could only constitute ships long reach weapon, as they had very limited discovery capabilities. At that time, in the early 1960s, the theory of the "heavy" ground-based helicopter, with good autonomy that allowed to quickly reach the different Seas' "Choke points" surrounding Italy, was making its way and then remained for some time.
A type of profile that was well suited to the Sea King and that perhaps went even further. Agusta immediately understood the soundness of Sikorsky's project and in 1964 production under license for the needs of European and Middle Eastern countries was awarded. The first order came almost immediately from the Italian Navy, which ordered 24 examples in 1965,

La MM5010N fotografata in linea di volo a Catania il 3 aprile 1989. (S. Bottaro)

MM5010N photographed in Catania flight line on April 3rd 1989. (S. Bottaro)

Il 6-15 in attesa di essere ricoverato nell'hangar di Catania. (S. Bottaro)

6-15 waiting to be recovered inside Catania hangar. (S. Bottaro)

Bella fotografia che racchiude la linea di volo della Marina Militare ai tempi dell'introduzione del Sea King. In ordine un AB-204, un Seabat e il nostro Sea King. (Agusta)

Beautiful shot containing Navy's flight line at the time of Sea King introduction. We can see a AB-204, a Seabat and our Sea King. (Agusta)

24 esemplari in due distinti lotti costruttivi, con i quali equipaggiare due gruppi di volo.
Nel 1966 personale della Marina Militare italiana si reca negli Stati Uniti per effettuare il "passaggio mac-

in two distinct construction lots, a number of helicopters able to equip two squadrons. In 1966 Italian Navy personnel was sent to United States to carry out the transition abord the Sea

Un equipaggio si appresta a raggiungere il proprio elicottero per la successiva missione, il 6-14 è fotografato dalla poppa di una nave della Marina Militare. (entrambe Autore)

A crew is preparing to reach their helicopter for the next mission, 6-14 is photographed from a Italian Navy ship stern. (both Author)

china" sul Sea King, mentre in Patria vola già il primo esemplare, il già citato 6-01.
Come abbiamo detto questo era a tutti gli effetti un mezzo costruito negli Stati Uniti ed acquistato dall'Agusta per fare esperienza e per permettere l'addestramento del personale interno. Questo esemplare rimase per diverso tempo negli stabilimenti dell'Agusta.

King, while the first example, the aforementioned 6-01, was already flying at home.
As we said, this was in all respects a vehicle built in the United States and purchased by Agusta to gain experience and to allow internal staff training. This example was assigned for some time to Agusta plants.

In alto il 6-14 fotografato dalla poppa di una nave della Marina Militare. (entrambe Autore)
Patch generico utilizzato da piloti e specialisti del Sea King, tabella fornita dall'Agusta delle prestazioni dell'elicottero. (G. Gastaldi e F. Anselmino)

Top: 6-14 photographed from Italian Navy ship stern. (both Author)
Generic patch used by Sea King pilots and specialists then a helicopter performance table provided by Agusta. (G. Gastaldi and F. Anselmino)

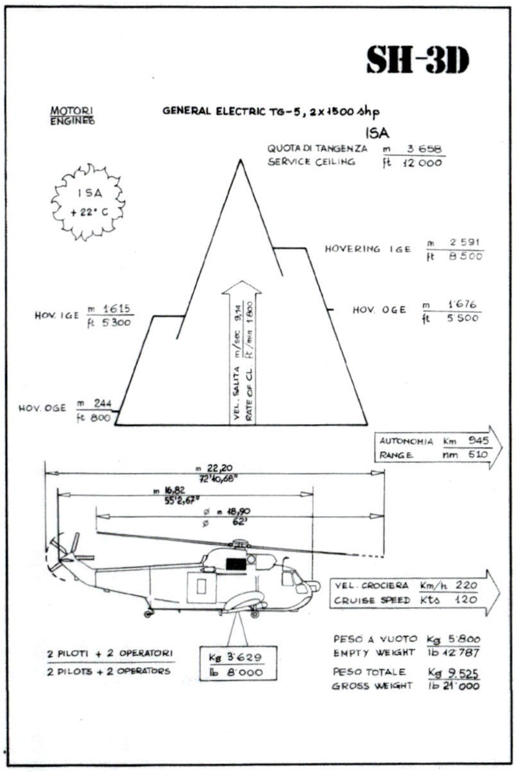

In Servizio con la Marina Militare

Il primo esemplare di SH-3D consegnato alla Marina Militare fu l'esemplare 6-02, che nel 1968 venne assegnato all'appena costituito 3° Gruppo Elicotteri con sede sulla Stazione Elicotteri della Marina Militare di Catania-Fontanarossa. Successivamente il nuovo elicottero venne consegnato anche al 1° Gruppo Elicotteri che si spostò contestualmente dalla base di Catania al nuovo eliporto di Luni-Sarzana.

Per un paio di decenni il Sea King rimase in servizio soltanto con questi due reparti, perlomeno fino al 1998, quando il primo esemplare convertito per il supporto anfibio non venne consegnato al 4° GrupElicot di Grottaglie.

Complessivamente furono consegnati ben 36 esemplari di SH-3 Sea King, suddivisi in ben quattro lotti costruttivi con differenze tra loro, che andremo ad approfondire più avanti.

Ma con tutte queste versioni non vi sono mai stati dei problemi d'addestramento?

Qualche piccolo inconveniente ci dev'essere stato per forza, anche se a giudicare da come vedevamo i piloti passano disinvoltamente da una macchina ad un'altra, doveva essere per forza di cose di poco conto.

Al riguardo proprio dell'addestramento si può dire che a partire dal 1983 questo era stato accentrato in toto presso il 3° Gruppo, diventato un reparto dal doppio ruolo addestrativo e operativo, dove si teneva un corso articolato su una parte a terra ed una in

In service with Italian Navy

The first SH-3D example delivered to Navy was the one carrying 6-02 codes, which in 1968 was assigned to the newly established 3rd Helicopter Group based in Catania-Fontanarossa Navy Helicopter Station. Subsequently, the new helicopter was also delivered to the 1st Helicopter Group which was moved at the same time from Catania base to the new Luni-Sarzana heliport. For a couple of decades, the Sea King remained in service only with these two units, at least until 1998, when the first example converted for amphibious support was delivered to Grottaglie (TA) 4th GrupElicot (Helicopter Group). A total of thirty-six SH-3 Sea King machines were delivered, divided into four construction lots with differences between them, which we would explore further on.

But with all these versions, have there never been any training problems? There must have been some small inconvenience, even if the way we saw pilots move from one version to another in a casual way, it must have been of little importance. About training, it can be said that since 1983 this had been fully centralized within 3rd GrupElicot, which became a dual role unit, with training and operational roles, where a five to six months course was held, divided in one ground and one flight. It included five weeks ground courses, where officers learned machine 101, then the transition aboard Sea King and

Il primo SH-3D fu consegnato all'Aviazione Navale della Marina Militare il 10 dicembre 1968. Era la MM5004N che ebbe i codici 6-02. (archivio M. Cini)

The first SH-3D was delivered to the Italian Naval Aviation on December 10th 1968. It was the MM5004N which bore 6-02 codes. (archive M. Cini)

Dall'alto, il lavaggio con acqua dolce al rientro da una missione sul mare, coppia di Sea King impeganta in attività di ricerca, il 6-22 con il codice 368H dipinto per il Salone de Le Bourget, il 6-14 al parcheggio in un prato. (Autore e archivi C. Toselli e M. Cini)

From above, washing with fresh water after returning from a mission above the sea, a couple of Sea King engaged in research activities, 6-22 with the code 368H painted for the Salon de Le Bourget, 6-14 parked in a field. (Author and archives C. Toselli and M. Cini)

volo, da completare generalmente in 5/6 mesi.
Esso prevedeva 5 settimane a terra presso l'Ufficio Corsi per imparare l'ABC della macchina, successivamente si effettuava il passaggio sul Sea King e poi il raggiungimento della LCR (Limited Combat Readiness) sull'elicottero con un totale di circa 50 missioni (corrispondenti grossomodo a 120 ore di volo).
Veniva svolta attività diurna e notturna, ASW, ASV, SAR, infiltrazione incursori, ESM, ecc., rifinita da un mese di permanenza al MariCentAdd di Taranto per il corso di condotta ASW e farcita di diverse esercitazioni nel Golfo di Catania con il supporto di navi e battelli subacquei di stanza ad Augusta e velivoli pattugliatori Atlantic di Sigonella.
Come curiosità, almeno a quanto ci è stato riferito, era previsto e possibile il passaggio dalla linea 3D a quella dei 212, non il contrario, anche se ad onor del vero abbiamo conosciuto piloti che sono passati da macchine come il 204 od il 212 al Sea King.
Saranno state le eccezioni che confermano la regola!
La distribuzione dei mezzi non è stata per tutti i GrupElicot dell'Aviazione Navale italiana.
Soltanto il 1° Gruppo a Luni ed il 3° a Catania ne sono stati dotati in pianta stabile per un paio di decenni, ma alcuni esemplari, fino ad un massimo di 6 in carico contabile, sono stati in dotazione al Reparto Operazioni Anfibie creato nell'ambito del 4° Gruppo

finally LCR (Limited Combat Readiness) achievement, with a total of about fifty missions (corresponding roughly to 120 flight hours).
Day and night activities were carried out, ASW, ASV, SAR, Italian Navy Infantry infiltration, ESM, etcetera, completed by a month's stay at MariCentAdd in Taranto for ASW conduct course and stuffed with various exercises in Catania Gulf with ships' support and underwater assets stationed in Augusta and the Breguet Atlantic patrol aircraft in Sigonella.
As a curiosity, at least as far as we have been told, transition from SH-3D line to AB-212 was expected and possible, but not the other way round, although to be honest we have known drivers who have transitioned from machines such as the 204 or 212 to Sea King. Exceptions confirming the rules breaking!
The SH-3D weren't equally distributed between the GrupElicot of Italian Naval Aviation. Only the 1st GrupElicot in Luni and the 3rd in Catania have been equipped on a stable base for a couple of decades, but some examples, up to a maximum of six assigned, have been delivered to Amphibious Operations Unit created within Grottaglie 4th group, with the task of supporting San Marco operations, with the custom often

La MM5021N fu utilizzata per la certificazione del missile AS-12. (Marina Militare)
The MM5021N was used as testbed for AS-12 missiles certification. (Navy)

Alcuni Sea King fotografati sulla Maristaeli Luni, interessante il 6-14, fotografato con la colorazione standard quando in carico al 1° Gruppo Elicotteri e poi con la colorazione grigia quando assegnato al Nucleo Lotta Anfibia. (archivi F. Anselmino e G. Gastaldi)

Some Sea King on Maristaeli Luni apron; interesting camo variant on 6-14, first when assigned to 1st Helicopter Group then with the gray camo when assigned to NLA. (F. Anselmino and G. Gastaldi archives)

In hangar e in rullaggio a Catania, in basso la MM5012N in statica alla Manifestazione Aerea di Vergiate nel 1987. (S. Bottaro, Autore e F. Anselmino)

In hangar and taxiing in Catania, below the MM5012N in static at the Vergiate Air Show in 1987. (S. Bottaro, Autore and F. Anselmino)

In bianco e nero due Sea King presentati al salone di Le Bourget, un elicottero del NLA in decollo dal ponte di una nave della MM, (archivio F. Anselmino e Autore)

In black and white, two Sea Kings displayed at Le Bourget airshow, an NLA helicopter taking off from the deck of an Italian Navy, (archive F. Anselmino and Author)

di Grottaglie con il compito di supportare le operazioni del S. Marco, con la consuetudine spesso seguita di lasciare l'elicottero sempre assegnato nell'ambito dello stesso Gruppo anche dopo le revisioni in ditta, motivo per cui una determinata matricola rimaneva in carico per tanti anni e da essa si poteva facilmente far risalire al gruppo a cui era assegnata.
Contabilmente inoltre abbiamo notato come i reparti avessero in carico molte più macchine di quante poi effettivamente impiegate, soprattutto negli ultimi anni, quando il carico di lavoro era quasi per intero ricaduto sugli esemplari delle ultime due serie.

followed to leave the single helicopter always assigned within the same group even after a major factory overhaul, which is why a certain serial number remained assigned for many years and it could easily be traced back to the first assignation unit.
Still about deliveries, we also noticed how Units had many more machines assigned than those actually used, especially in recent years, when the workload had almost entirely fallen on the last two series machines. In fact, the two main groups had several Alpha and Bravo series

In alto SH-3D, MM5008N/6-06 in carico al NLA, Grottaglie 7 agosto 1996. (archivio F.Anselmino) Sotto la MM5025N fu utilizzata per alcune prove con il missile AS-12. (MM)

Top: SH-3D, MM5008N/6-06 assigned to NLA, Grottaglie 7 August 1996. (archive F. Anselmino) Below the MM5025N it was used for some tests with the AS-12 missile. (MM)

Sea King Operativi a Catania e Grottaglie. (F. Anselmino e Autore)

Serviceable Sea King in Catania and Grottaglie. (F. Anselmino and Author)

La MM5003N, già con colorazione grigio chiaro di ultimo periodo in appontaggio su Nave Etna. (Autore)

The MM5003N, already in last period light gray camo, decking aboard Nave Etna. (Author)

Infatti i due gruppi principali disponevano di diverse cellule della serie Alpha e Bravo preservate ed impiegate come fonte di ricambi per quelle in linea.
Non si trattava però di macchine "out" come vita operativa, in quanto al costo di una revisione generale era possibile rimetterle in servizio attivo, cosa poi effettivamente realizzata con le macchine destinata al Nucleo Lotta Anfibia, prelevate proprio dalla "catasta" di quelle conservate e rimesse in efficienza.
A seguire tutte le macchine entrate in servizio, suddivise per lotto produttivo.
Da osservare come per tutti il numero individuale sia stato il "6", ovvero il sesto tipo di velivolo entrato in

airframes preserved and used as a source of spare parts for those actually flying. However, these weren't "write-off" machines as operational life, since at the cost of a general overhaul it was possible to put them back into active service, which was actually carried out with the SH-3 allocated to NLA unit, taken from the "stack" of those preserved and put back into efficiency.
In the following table, all the machines that entered service, divided by production lot. It should be noted that for all SH-3 the individual number was the "6", that is the sixth type of aircraft that entered service with the Italian Navy (1 were the

Attività prevolo e rullaggio per la MM81113/6-28 a Luni. (tutte M. Cini)
Pre-flight and taxiing activities for the MM81113 / 6-28 in Luni. (all M. Cini)

servizio con la MMI (1 erano gli AB-47G, 2 gli AB-47J, 3 gli AB-204ASW, 4 i Seabat ed infine il 5 era il codice dei due "Mostriciattoli", gli A-106), seguito da due cifre in ordine progressivo e partendo dallo 01 e con matricola ad iniziare dalla 5003N.

Gli esemplari della serie Charlie e Delta invece disponevano di differente matricola, ma hanno proseguito nella numerazione dal numero successivo all'ultimo Bravo consegnato.

L'ultimo esemplaare consegnato dei 36 esemplari ordinati è il 6-37, con numerazione dispari per l'assenza del codice 6-17.

Da sottolineare come tutti i Charlie ed i Delta sono stati venduti ad un noto demolitore romano, eccetto il 6-32 ed il 6-33, mentre è importante mettere in risalto come il mezzo prodotto su licenza dall'Agusta ha avuto un certo successo all'estero, con 4 esemplari per la Marina Militare argentina (due SH-3D ed altrettanti SH-3D/H), 6 per la Marina Militare peruviana, 4 per quella brasiliana ed almeno 20 per quella iraniana, a cui si aggiungono 4 cellule utility nella versione AS-61 al Venezuela.

AB-47G, 2 the AB-47J, 3 the AB-204ASW, 4 the Seabat and finally the 5 was the code of the two "Monsters", the A-106), followed by two digits in progressive order and starting from 01 and with serial number starting from 5003N. Charlie and Delta series machines instead had a different serial number, but continued the same coding system, from the number following the last Bravo delivered. The last and thirty-sixth delivered Sea King was the 6-37, with odd numbering due to the absence of the 6-17 (as seen as unlucky). We want to underline that all the Charlie and Delta were sold to a well-known Roman wrecker, except 6-32 and 6-33. It is also important to highlight how the helicopters produced under license by Agusta had had some success all abroad, with four examples for the Argentine Navy (two SH-3D and as many SH-3D / H), six for the Peruvian Navy, four for the Brazilian Navy and at least twenty for the Iranian one, to which we add four Utility AS-61 helicopter destined to Venezuela.

Grigio scuro o con la prima colorazione, con o senza radome, il Sea King è stato per anni l'elicottero simbolo dell'Aviazione Navale della Marina Militare. (G. Gastaldi e Autore)

Dark gray or with the first color, cone or without radome, the Sea King has been the symbol of the Navy's Naval Aviation for years. (G. Gastaldi and Author)

Le Versioni

Di questo elicottero, prodotto dall'Agusta su licenza statunitense, l'Aviazione Navale italiana ne ha avuti consegnati complessivamente 36 esemplari suddivisi in quattro diversi blocchi costruttivi: l'Alpha (esemplari dal codice 6-01 al 6-12), la Bravo (esemplari dal codice 6-13 al 6-25), la Charlie (esemplari dal codice 6-26 al 6-31) ed infine la Delta (gli ultimi esemplari dal codice 6-32 al 6-37). Pur se tutti Sea King, questi mezzi sono stati consegnati in periodi diversi in un arco temporale che va dal 1968 appunto, al 1987,

SH-3 Versions

Of this helicopter, produced by Agusta under US license agreement, the Italian Naval Air Force received a total of 36 units, divided into four different building blocks: the Alpha (examples from code 6-01 to 6-12), the Bravo (examples from code 6-13 to 6-25), Charlie (examples from code 6-26 to 6-31) and finally the Delta (the last examples from code 6-32 to 6-37). Although all Sea King, these vehicles have been delivered in different periods, spanning from

In questa pagina sono raggruppate tutte le colorazioni utilizzate del Sea King nei lunghi anni di carriera in Italia. (F.Gualdoni, F. Anselmino e Autore)

This page brings together all the various camo applied to Italian Sea King in its long career. (F. Gualdoni, F. Anselmino and Author)

data di consegna del 6-37, per cui è normale che tra loro si differenzino per diverse caratteristiche, via, via introdotte nel tempo.
In particolare l'Alpha venne consegnata inizialmente con la sola apparecchiatura Sonar e priva di radar.
Come armamento potevano venir trasportati sia siluri AS (agli inizi gli Mk-44), che bombe di profondità del tipo BAS-200 (poi non più utilizzate).
Soltanto in seguito venne ammodernata la parte elettronica ed in parte quella meccanica e componentistica, rivedendo i cablaggi e sostituendo gli impianti obsoleti o che richiedevano una massiccia manutenzione.
In occasione di queste revisioni venne introdotto un radar di scoperta di superficie montato in un radome posizionato sotto la parte posteriore della fusoliera e contenente il medesimo radar impiegato sull'AB-212 (lo SMA APS/705A), il quale però fece perdere ai Sea King la capacità anfibia, vista l'impossibilità di garantire la tenuta stagna del grosso radome.
Di questa modifica non sono stati soggetti il 6-10 ed il 6-11, fino al 1997 impiegati per il supporto al ComSubIn dalla base di Luni.
Le consegne dei Bravo cominciarono praticamente subito dopo la consegna dell'ultimo Alpha.

1968 precisely, to 1987, the delivery date of 6-37, so it is normal that they differed between them for different characteristics, introduced over time. In particular, the Alpha was initially delivered with only Sonar equipment and without radar. The transported weaponry included both AS torpedoes (at the beginning the Mk-44), and BAS-200 type depth bombs (subsequently no more used).
Only later the electronic systems and the mechanical component parts were modernized, revising wiring and replacing massive maintenance request obsolete systems.
During these overhauls, a surface vessels discovery radar was installed, placed inside a radome positioned under fuselage rear, containing the same equipment used aboard the AB-212 (the SMA APS-705A), which, however, had the Sea King losing its amphibious capacity, given the impossibility of guaranteeing the watertight integrity of the large radome. Codes 6-10 and 6-11 were not subject to this change, until 1997 they were employed to support ComSubIn from the base of Luni. Bravo deliveries began right after the delivery of the last Alpha.

Attività di manutenzione a Catania. (Autore)
Maintenance activities in Catania. (Author)

Spettacolare lancio di flare da un Sea King per una dimostrazione. (Autore)
Spectacular flares launch from a Sea King for a demonstration. (Author)

In linea di massima vennero introdotte poche variazioni alla struttura, eccezion fatta per la presenza del radar AN/APN-195, inserito nel caratteristico naso sul lato sinistro del muso ed in seguito retrofittato anche ad alcuni esemplari di Alpha, come il 6-08 e il 6-12. Il suo impiego all'inizio fu legato ad un uso esclusivamente meteorologico e solo successivamente gli specialisti elettronici apportarono delle modifiche sul campo per adattarlo alla ricerca di bersagli di superficie. Questa serie era abilitata a trasportare i missili AS-12, grazie ai quali i Sea King diventarono dei mezzi veramente in grado di assolvere a missioni tanto antisom, che di contrasto ai mezzi di superficie e costituirono la rapida risposta dell'Aviazione Navale alla fobia dell'epoca, seguita all'affondamento del cacciatorpediniere israeliano Eilath ad opera di motovedette egiziane OSA dotate di missili SS-N-2 Styx.
In seguito anche sui Bravo venne montato l'APS/705A, con la rimozione dell'APN-195 e del relativo naso, modifica fatta in genere direttamente ai gruppi di volo.
Gli esemplari di questi due lotti costruttivi si potevano assimilare alla versione SH-3D, pur con le dovute differenze, in quanto non tutto quanto quello che impiegavano gli statunitensi andava bene pure a noi.
Diciamo quindi un Sea King un po' "addomesticato", pur mantenendo i sensori e l'elettronica più importante, come il sistema di stabilizzazione ed il sonar, l'AN/AQS-13.

At the beginning, few variations were introduced to the structure, except for the presence of the AN/APN-195 radar, inserted in the characteristic nose left side bulb and subsequently retrofitted also to some Alpha examples, such as the 6-08 and the 6-12. Its use was initially meteorological only and later electronic specialists made field changes to adapt it for surface targets search. This series was enabled to carry AS-12 missiles, thanks to which the Sea Kings became truly capable of performing both antisom and surface vessel missions and constituted the rapid response of the Naval Air Force to the phobia of the epoch, following the sinking of the Israeli destroyer Eilath by OSA Egyptian patrol boats equipped with SS-N-2 Styx missiles.
Later also the APS/705A was mounted on the Bravo, with the removal of the APN-195 and its radome, a modification generally made by Unit maintenance depo. The examples of these two constructions lots could be assimilated to the SH-3D version, albeit with the necessary differences, since not everything that the Americans used was fine for us too.
Let's say a Sea King a little "tame", while maintaining the most important sensors and

Il 6-28 a Pratica di Mare, il 6-37 sull'ascensore del Garibaldi e un Sea King su Nave San Giusto. (F. Anselmino, Autore e MM)

6-28 in Pratica di Mare, 6-37 aboard Garibaldi carrier lift and a Sea King aboard Nave San Giusto. (F. Anselmino, Author and MM)

La scoperta e l'attacco ai sommergibili è stata per molto tempo una delle principali attività dei Sea King. (entrambe Autore)
Submarines hunt and attack has long been for Sea King one of the main activities. (both Author)

Questo dispositivo venne progettato apposta per il nuovo elicottero Sea King ed era un profondo aggiornamento del precedente AQS-10, rispetto al quale, pur mantenendo i medesimi componenti a valvole, offriva un sistema per l'avvolgimento migliorato ed un cavo più lungo, ma soprattutto una parte "bagnata" molto più efficiente, che rimase tale e quale, o quasi, fino agli anni '80, dimostrando la bontà di progettazione.

electronics, such as the stabilization system and sonar, the AN/AQS-13. This device was designed specifically for the new Sea King helicopter and was a profound update of the previous AQS-10, compared to which, while maintaining the same valve components, it offered an improved winding system and a longer cable, but above all a much more efficient "wet"

La versione adottata dai nostri elicotteri era la AQS-13A, che aggiungeva all'elettronica del sistema AQS-13 di base, anche un dispositivo (BITE), con il quale era possibile anche in volo poter testare l'efficienza dei circuiti con cui era composto il sonar.

Con il tempo queste versioni sono state spostate ad altri compiti.

In modo particolare diversi esemplari sono stati ricondizionati per poter fungere da vettori aerei per il S. Marco, mentre per i soli Bravo l'assegnazione della missione relativa al contrasto di superficie con missili antinave, portò ad un aggiornamento importante che li fece gli unici vettori di questo tipo dell'Aviazione Navale italiana.

part, which remained as it is or almost until the 1980s, demonstrating the soundness of the design. The version adopted by our helicopters was the AQS-13A, which also added to the basic AQS-13 electronic system the BITE device, with which it was possible, even during flight, to test the circuits efficiency built inside the sonar. Over time these versions have been moved to other tasks.

In particular, several examples had been reconditioned to be able to act as air carriers for San Marco, while for Bravo only mission assignment relating to surface contrast with anti-

Nella pagina precedente e in questa, un Sea King ripreso in fase di rientro a Catania e durante attività in mare. (tutte Autore)

Previous page and in this one a Sea King filmed while returning to Catania and performing some activities at sea. (all Author)

Per questa missione diversi esemplari videro l'eliminazione del sonar e di tutte le attrezzature relative alla caccia antisom, lasciando soltanto la consolle del radar a bordo, integrata da quella dell'MM/APQ-706.
Il missile fino a questo momento impiegato, il francese AS-12, venne sostituito dal Marte, in una versione appositamente sviluppata per la Marina Militare italiana e che potevano venir montati uno per ogni lato su apposite rails.
Per il controllo del volo sul piano orizzontale il missile dispone di un sistema beam-rider modificato, di tipo track-while-scan.
Questo fa capo ad un radar della SMA posto nell'ogiva, il quale fornisce i dati necessari al sistema di guida per raggiungere il bersaglio.
Viene effettuata nella prima fase di volo una guida di tipo inerziale, tramite giroscopi capaci di fornire la direzione prestabilita all'unità di processazione dei dati. Soltanto nella fase finale, in prossimità del target, la guida diventava di tipo homing attivo per tramite del radar. Per il controllo del volo sull'asse verticale invece il missile dispone di un classico radar altimetro il quale imposta una traiettoria nella fase iniziale del volo ad una quota di 15 metri sul livello del mare, per portarlo poi nella fase finale ad una quota prefissata tra i 3 e

ship missiles, led to an important update that made them the only carriers of this type of the Italian Naval Aviation. For this mission several examples saw the elimination of sonar and all the antisom related equipment, leaving only the radar console on board, integrated with MM / APQ-706 one. The missile used until then, the French AS-12, were replaced by Marte, in a version specially developed for the Italian Navy and which could be mounted one on each side on special rails.
For flight control on the horizontal plane, the missile had a modified beam-rider track-while-scan system type. This refers to an SMA radar placed in the nose cone, which provides the data necessary for the guidance system to reach the target. In the first phase of flight, inertial guidance is carried out by means of gyroscopes capable of providing the predetermined direction to the data processing unit. Only in the final phase, near the target, the guide become of active homing type through the radar. To control the flight on the vertical axis, the missile has the classic radar altimeter which sets a trajectory in the initial phase of the flight at an altitude

Il colore giallo identifica gli addetti alla movimentazione, in questo caso lo specialista fornisce le corrette indicazioni all'equipaggio del Sea King in appontaggio. (Autore)

The yellow colour identifies the marshalling personnel, in this case the specialist provides the correct information to the crew of the Sea King during landing. (Author)

Carrellata di sensori, sonar e armamento tipici dei Sea King italiani (F. Anselmino, Autore)

Roundup of sensors, sonar and armament typical of Italian Sea King (F. Anselmino, Author)

SH-3D "Sea King" MM5012N, codice 6-22, nella prima configurazione con il radar di superficie AN/APS 195 collocato nel radome del muso, anni '70

SH-3D 'Sea King' MM5012N, code 6-22, in its early configuration with AN / APS 195 ASV radar placed in the nose radome, 1970s

SH-3D "Sea King" MM5023N, codice 6-10, del 3° GRUPELICOT, MARISTAELI CATANIA, anni '80

SH-3D 'Sea King' MM5023N, code 6-10, assigned to 3rd GRUPELICOT, MARISTAELI CATANIA, 1980s

SH-3D "Sea King" MM5015N, codice 6-13, assegnato al Nucleo Lotta Anfibia, impiegato nell'operazione NATO di peace keeping "Joint Guardian" in Kossovo, 1999/2002

SH-3D 'Sea King' MM5015N, code 6-13, assigned to NLA, assigned to NATO 'Joint Guardian' peacekeeping operation in Kosovo, 1999/2002

SH-3D/H "Sea King", MM81200, codice 6-27, UNIFIL Missione "Leonte" - Joint Landing Force, Libano settembre 2006

SH-3D/H "SEa King", MM81200, code 6-27, assigned to UNIFIL "Leonte" Mission - Joint Landing Force, Lebanon, September 2006.

i 5 metri, impostata in base alla condizione del mare e del moto ondoso.
Esiste anche una possibilità di correggere il volo stesso nella prima parte,, quella svolta in modalità inerziale, grazie ad un collegamento di tipo frequency hopping antidisturbo, che passava i dati rilevati dal radar di scoperta dell'elicottero.
In questa configurazione furono modificati almeno una mezza dozzina di elicotteri, sicuramente il 6-20, il 6-21, il 6-23 ed il 6-24.
Con le modifiche apportate agli esemplari dei primi due lotti produttivi, l'onere della missione ASW negli ultimi 15 anni circa di servizio del Sea King in Italia è ricaduta sui dodici esemplari più "giovani" delle serie Charlie e Delta, che rappresentano una decisa variazione sia dal punto di vista della componente meccanica, che elettronica.
Il primo esemplare di Charlie, il 6-26, venne consegnato nel 1981 e vedeva la presenza della sigla SH-3D/H, indicandolo come un'evoluzione della precedente versione.
Dalla sigla possiamo comprendere che anche in questo caso si era in presenza di un'elaborazione nazionale dell'SH-3H statunitense, in quanto non tutte le implementazioni previste per quest'ultimo furono poi adottate nella versione italiana.
Gli SH-3D/H erano facilmente riconoscibili dagli esemplari dei due lotti precedenti per diversi piccoli dettagli.

of 50 ft above sea level, subsequently, in the final phase, it lower the path to a predetermined altitude between 10 and 15 ft, set according to sea condition and wave motion.
There is also a possibility of correcting the flight itself in the first part, the one carried out in inertial mode, thanks to an anti-interference frequency hopping connection, which passed the data detected by the helicopter's discovery radar. In this configuration, at least half a dozen helicopters were modified, certainly 6-20, 6-21, 6-23 and 6-24. With the changes made to the examples of the first two production batches, the burden of the ASW mission in the last 15 years of service of the Sea King in Italy fell on the twelve "younger" examples of the Charlie and Delta series, which represent a quite big variation both from the point of view of the mechanical and electronic components.
Charlie's first example, 6-26, was delivered in 1981 and its designation was changed to SH-3D/H, indicating the evolution of the previous version. From the acronym we can understand that even in this case there was a national processing of the US SH-3H, as not all the implementations planned for the latter were then adopted in the Italian version. The SH-3D/H were easily recognizable from the examples of the

Nave Garibaldi in navigazione, sul ponte sono iben visibili gli AV-8B+ del Grupaer e quattro Sea King, già con la colorazione grigio chiaro. (MM)

Garibaldi carrier sailing, on the flat bridge AV-8B+ of Grupaer and four Sea King are clearly visible, already painted in light gray. (MM)

La MM81184/6-33, appartenente all'ultimo lotto costruttivo, in volo lungo le coste francesi. (MM)
The MM81184/6-33, belonging to the last construction lot, flying along French coasts. (MM)

Innanzitutto dalla presenza di una protezione alle prese d'aria dei motori prima non presente, ma anche per il radome del radar, sempre lo APS/705, stavolta spostato sotto la parte anteriore della fusoliera (esiste un Alpha, il 6-03, utilizzato per le prove con il missile Marte, che aveva il radar montato anteriormente come i Charlie ed i Delta, N.d.R.).
Questo riposizionamento si rese necessario per allontanare il prezioso radar dai serbatoi di carburante, troppo vicini nella precedente sistemazione, le cui eventuali perdite hanno generato negli anni qualche problema.
Altre differenze sono il trave di rinforzo al pianetto di coda (tipico degli SH-3H dell'U.S. Navy), ma soprattutto la presenza di una serie di sensori esterni che forniscono a questa versione del Sea King il tipico aspetto bitorzoluto, al punto da meritarsi il simpatico appellativo di "Mazinga".
Questi apparati, chiamati "Brufoli" dagli equipaggi, sono legati alla suite ESM Colibrì della Elettronica, composta dalla componente passiva già adottata a bordo dei cinque esemplari di AB-212GE dedicati alla guerra elettronica.
Questo sistema rendeva il Sea King estremamente pagante anche nel ruolo di "shadowing", ossia di ombreggiamento elettronico delle formazioni navali avversarie, così come nelle missioni ELINT/SIGINT di raccolta dati sulle emissioni elettromagnetiche.

two previous lots for several small details.
First of all by the presence of engines air intakes protection, not present before, but also for the radome, still the APS / 705, this time moved under the front of the fuselage (there is an Alpha, the 6-03, used for tests with Marte missile, which had the radar front mounted like Charlie and Delta, Editor's note).
This repositioning was necessary to distance the precious radar from the fuel tanks, too close in the previous arrangement, whose possible leaks have generated some problems over the years.
Other differences were the reinforcement beam at the rear deck (typical of the SH-3H of the US Navy), but above all the presence of a series of external sensors that provide this version of the Sea King with the typical lumpy appearance, to the point of deserving the nice name of "Mazinger".
These devices, called "pimples" by the crews, are linked to Elettronica "Colibrì" ESM suite, made up of passive component already adopted aboard by the five AB-212GE dedicated to electronic warfare.
This system made the Sea King extremely efficient also in the role of "shadowing", i.e. electronic sniffing of enemy's naval formations, as well as in ELINT / SIGINT missions for

Come sul'SH-3D/H originale, venne sostituito il sonar con la più prestante versione B dell'AN/AQS-13, mentre a livello dell'armamento trasportato, venne introdotto il siluro Mk-46.
L'AQS-13B ha costituito un significativo passo in avanti rispetto all'AQS-13A in precedenza impiegato.
Sono stati rimossi tutti i componenti a valvole ancora esistenti e sostituiti con circuiti allo stato solido, che hanno permesso una maggiore compattezza dell'insieme ed un'affidabilità maggiorata.
Tutti i componenti "bagnati", ovvero il cavo e la palla immersa del sonar, rimanevano essenzialmente gli stessi dell'AQS-13A, così come veniva mantenuto il display PPI RO-358, un registratore grafico che permetteva di effettuare su carta il riporto dei dati del bersaglio.
Con il tempo e con il moltiplicarsi delle tipologie di missione, venne montato un impianto FLIR della Galileo Avionica sotto lo sponson del carrello di destra, mentre per mantenere le capacità ASW aggiornate alle possibili minacce, alcuni esemplari hanno sostituito il sonar a profondità variabile Bendix/Fiar AQS-13B, con il più recente AQS-18A.
Questo nuovo sonar è stato sviluppato espressamente per le esigenze dell'Aviazione Navale italiana e dei suoi Sea King, oltreché dei Lynx della Marineflieger, e

collecting data on electromagnetic emissions. As on the original SH-3D/H, sonar was replaced with the more powerful version B of the AN/AQS-13, while, for transported armament, the Mk-46 torpedo was introduced. The AQS-13B was a significant step forward compared to the AQS-13A previously used. All the still existing valve components were removed and replaced with solid state circuits, which allowed for greater compactness of the whole and greater reliability.
All the "wet" components, i.e. the cable and the immersed sonar ball, remained essentially the same as those of the AQS-13A, just as the PPI RO-358 display was maintained, a graphic recorder that allowed to carry out the transfer of the target data. Over time and with the multiplication of mission types, a Galileo Avionica FLIR system was mounted under the right sponson, while to keep the ASW capabilities updated to possible threats, some examples replaced the Bendix/FIAR AQS-13A variable depth sonar with the most recent AQS-18B. This new sonar was developed specifically for the needs of the Italian Naval Aviation and its Sea Kings, as well as the

Spettacolare quanto inusuale fotografia dall'oblò della MM5021N. (Autore)

Spectacular as well as unusual photograph from the porthole of the MM5021N. (Author)

In questa pagina e nella successiva alcuni Sea King fotografati a Luni, Vergiate e, fatto abbastanza inusuale a Pisa. (archivio F. Anselmino e Autore)

In this page and the next one some Sea King photos taken in Luni, Vergiate, and quite unusual, in Pisa. (F. Anselmino and Author archives)

in seguito esportato anche in altri paesi come la Turchia, dove è stato montato come update degli AB-212ASW, ed in Egitto per i locali Kaman SH-2G Super Seasprite. La base di partenza è lo AQS-13F, ovvero il sonar adottato dal Sikorsky SH-60F Seahawk che nella U.S. Navy ha sostituito proprio il Sea King come mezzo imbarcato.

Di base l'AQS-13F offriva una migliore elaborazione acustica, un impulso in trasmissione di maggior durata, un sistema di avvolgimento del cavo più veloce, un cavo più lungo e una maggiore potenza a disposizione per l'elaborazione dei dati.

A questo venne aggiunta una radicale modifica della parte asciutta del sistema, dotandola di moderni processori digitali ed un'interfaccia operatore moderna con display multifunzione.

Proprio la maggior durata degli impulsi e le nuove tecniche di processione dei dati, permettevano di raddoppiare praticamente la portata dell'apparato nella ricerca sonar e soprattutto di discriminare la tracce utili alla ricerca stessa.

Nella pratica era possibile processare solamente i dati veramente utili ascoltati dal sonar, ovvero, per esempio, se una traccia veniva identificata come un mercantile in navigazione nell'area di competenza, marcando il blocco si poteva effettuare l'eliminazione dallo schermo di tutto il riferibile ad esso, finendo con il lasciare a video soltanto le tracce considerate inte-

Marineflieger Lynx, and later also was exported to other countries such as Turkey, where it was mounted as an update of the AB-212ASW, and in Egypt for the Kaman SH-2G Super Seasprite.

The starting point is the AQS-13F, that was the sonar adopted by the Sikorsky SH-60F Seahawk, the successor, acquired by US Navy to replace the Sea King as an embarked vehicle. Basically, the AQS-13F offered better acoustic processing, a longer transmission pulse, a faster cable winding system, a longer cable and more power available for data processing. To this was added a radical modification of the dry part of the system, equipping it with modern digital processors and a modern operator interface with multifunction display. Precisely the longer duration of the pulses and the new data processing techniques, allowed to practically double the scope of the apparatus in sonar search and above all to discriminate the tracks useful for the search itself.

In practice it was possible to process only the truly useful data heard by the sonar, or, for example, if a track was identified as a merchantman navigating in the area of competence, by marking the block it was possible to delete all the data from the screen to it, ending by leaving on the

6-13
MARINA

6-28
MARINA
28

04
18

ressanti ai fini della ricerca.

Tra tutti i 36 esemplari consegnati, si distingue poi il primo consegnato, il già ampiamente citato 6-01.

Questo elicottero, che è stato tra gli ultimi Sea King della MMI a volare e concludere il servizio attivo a Grottaglie, rimane un esemplare della serie Alpha, ma possiede tante differenze da farne un mezzo praticamente originale.

Innanzitutto è l'unico dei 36 esemplari complessivamente consegnati ad essere stato costruito direttamente negli Stati Uniti dalla Sikorsky e poi girato all'Agusta per poter acquisire la tecnica di costruzione.

Questo ha voluto dire l'applicazione di criteri costruttivi leggermente diversi da quelli utilizzati in seguito dall'Agusta, soprattutto nell'impianto idraulico ed in quello elettrico.

Nel 1982 è stato protagonista di uno sfortunato incidente al largo di Catania il 4 Agosto del 1982 con tanto di ammaraggio in mare.

Recuperato dal mare, è stato completamente ricostruito secondo uno standard ancora diverso che ne ha fatto un ibrido a tutti gli effetti.

A tutto questo infine si sono aggiunte le modifiche per renderlo adatto al ruolo di supporto alla componente anfibia, di cui è stato il prototipo per la linea SH-3 e primo esemplare di tal tipo a venir consegnato nel 1998 all'NLA.

screen only the tracks considered interesting for research purposes. Among all the 36 examples delivered, the first one delivered stands out, the already widely mentioned 6-01.

This helicopter, which was among the last Navy's Sea Kings to fly and end active service in Grottaglie, remains an example of the Alpha series, but has many differences that make it a practically a unique configuration. First of all, it is the only one of total thirty-six units delivered to have been built directly in the United States by Sikorsky and then delivered to Agusta in order to acquire the construction techniques.

This meant the application of construction criteria slightly different from those subsequently used by Agusta, especially in the hydraulic and electrical systems. In 1982 he was the protagonist of an unfortunate accident off the coast of Catania on August 4th 1982 when it ditched at sea. Recovered from the sea, it has been completely rebuilt to an even different standard which has made it a full-fledged hybrid. Finally, all the changes have been added to make it suitable for the role of supporting the amphibious component, of which it was the prototype for the SH-3 line and the first model of this type to be delivered in 1998 to the NLA.

Al tramonto, sul ponte di una nave della Marina Militare, per il meritato riposo dell'equipaggio, dopo una intensa giornata di volo. (Autore)

At sunset, on the deck of a Navy ship, for crew well-deserved rest, after an intense day of flight. (Author)

Reparto operazioni anfibie: gli elicotteri del San Marco

Girando per i corridoi degli edifici della base di Grottaglie, spesso si sente nominar la parola "tagliagole". No, tranquilli, non vi è nulla di preoccuparsi, soltanto è il goliardico appellativo di un reparto molto specializzato.

Stiamo parlando di una particolare costola del 4° Gruppo elicotteri, nata nel 1994 sotto il nome di Nucleo Lotta Anfibia e poi evolutosi nell'attuale Reparto Operazioni Anfibie (il Reparto Eliassalto è invece a Luni e si occupa del supporto alle forze speciali).

L'associazione dell'elicottero all'impiego anfibio è stato un concetto che nel tempo non è mai stato sottovalutato dalla Marina Militare italiana.

C'è da dire però che durante il periodo della Guerra Fredda le missioni prioritarie erano altre e lo stesso San Marco sarebbe stato impiegato in supporto al fronte in qualità di fanteria leggera e non certo come unità anfibia.

Però, quando sono stati disponibili i mezzi, si è sempre cercato di fare perlomeno dell'esperienza.

Ricordiamo di come, agli inizi del 1971, la nave anfibia Bafile, vecchia portaidrovolanti USA reduce

Amphibian operations unit: "San Marco" Helicopters

Walking around Grottaglie base buildings corridors, the word "cutthroat" is often heard. No, don't worry, there is nothing to worry about, it is only the goliardic appellation of a very specialized Unit. We are talking about a particular part of the 4th Helicopter Group, born in 1994 under the name of Amphibious Battle Unit and then evolved into the current Amphibious Operations Unit (the Eliassalto Unit is instead in Luni and deals with support for special forces). The association of helicopter and amphibious use was a concept that over time has never been underestimated by the Italian Navy.

It must be said, however, that during the Cold War period the priority missions were different and San Marco himself would have been employed in support of the front as light infantry and certainly not as an amphibious unit. However, when the means were available, we always tried to make at least experience.

We remember how, at the beginning of 1971, the amphibious ship Bafile, an old US seaplane carrier

Un Sea King sorvola il tratto di mare prospicente la spiaggia dove sono appena sbarcati gli uomini del San Marco per una attività addestrativa. (MM)

A Sea King flies over the stretch of sea overlooking the beach where the San Marco infantrymen have just landed for combat training. (MM)

Alcune immagini di impiego di Sea King nel ruolo di trasporto e assalto: aggancio di al gancio baricentrico, imbarco di assaltatori, discesa con il "barbettone". (tutte MM) Nella pagina successiva, in alto, la MM5007N/6-05 fotografata a Grottaglie il 15 settembre 1998, quando in carico al Nucleo Lotta Anfibia. (F. Anselmino)

Some images of Sea King operating as transport and assault roles: barycentric hook loading, SOF boarding, fast rope descent. (all MM) Next page, top: MM5007N / 6-05 photographed in Grottaglie on 15 September 1998, when assigned to Nucleo Lotta Amphibia. (F. Anselmino)

dall'ultimo conflitto bellico, venne sottoposta a lavori di modifica alla zona poppiera, proprio laddove in origine erano alloggiati i grossi idrovolanti per le manutenzioni, per poter imbarcare stabilmente almeno due elicotteri SH-34 Seabat.
Con la radiazione dei Seabat, si ritornò a sviluppare per forza di cose un'attività di tipo discontinuo ed episodico.

from the last war, was subjected to modification works in the stern area, just where the large seaplanes were originally housed for maintenance, in order to be able to embark permanently at least two SH-34 Seabat helicopters.
With the radiation of the Seabat, a discontinuous and episodic type of activity began to develop again. In practice, the heavy ASW installations

La discesa con il "barbettone" è uno dei modi con cui si addestrano gli specialisti dell'eliassalto. (Autore)

The descent with the rope is one of the ways in which heli-assault specialists train. (Author)

Discesa con il "barbettone" su Nave Garibaldi e due Elicotteri del Nucleo Lotta Anfibia a Grottaglie negli anni novanta. (Autore e F. Anselmino)

Descent with the rope aboard Nave Garibaldi and two Nucleo Lotta Anfibia helicopters in Grottaglie during the nineties. (Author and F. Anselmino)

In pratica si sbarcavano semplicemente le pesanti installazioni ASW di bordo e si andava a volare insieme al S. Marco, un po' così, a naso, senza il supporto di un reale addestramento dedicato.
Soltanto nei primi anni '90 venne varato un programma per il potenziamento della componente anfibia, che portò l'allora battaglione San Marco a diventare l'attuale Forza da Sbarco.
All'interno di quel contesto furono fatte proprie le dottrine dei Marines statunitensi e britannici per cui era fondamentale lo sviluppo del supporto elicotteristico a favore dei Fucilieri di Marina.

on board were simply disembarked and one went flying together with San Marco, without the support of real dedicated training. Only in the early '90s was a program launched to strengthen the amphibious component, which led the San Marco battalion to become the current Landing Force. Within that context, the doctrines of the US and British Marines were adopted, for which the development of helicopter support in favour of the Navy Riflemen was fundamental. If until then we had limited ourselves to occasional and limited operations to the daytime arc only, now

Se fino a quel momento ci si era limitati ad operazioni saltuarie e circoscritte al solo arco diurno, ora il target era di raggiungere una capacità ognitempo H24 e continua.
Tutto questo sottolineava l'esigenza di costruire una componente ad ala rotante rispondente alle esigenze di aerocooperazione con il San Marco e soprattutto ad essa interamente dedicata.
Con l'arrivo delle serie Charlie e Delta, le versioni più vecchie si avvicinavano all'obsolescenza ed un eventuale loro update oltreché costoso, non avrebbe innalzato di molto le capacità belliche.
Ecco quindi che si pensò di assegnare tutti gli Alpha alla missione per il supporto alle truppe anfibie, con modifiche apposite agli elicotteri per adattarli al nuovo ruolo, che ne hanno fatto quasi una versione a se stante.
All'incirca a metà degli anni '90 rimanevano in servizio attivo o meglio, per alcuni, in storage pronti per un'eventuale ritorno al servizio, diversi esemplari di Alpha, praticamente tutti, se escludiamo il 6-07 ed i 6-09 radiati per stress della cellula ed utilizzati per compiti addestrativi a terra, ed il 6-03, un esemplare spesso legato a progetti sperimentali ed all'epoca utilizzato per la certificazione del missile Marte.
In tal modo furono disponibili per l'allora NLA il 6-01, 6-02, 6-04, 6-05, 6-06, 6-08, 6-10 e 6-12.
Non tutti vennero convertiti alla versione "anfibia" e comunque non tutti contemporaneamente.
In linea di massima le modifiche riguardarono il completo smontaggio di tutti gli apparati di missione ASW ed ASuV (compreso il voluminoso radome per il radar) sgombrando cosi per intero il vano di carico per una configurazione con 18 posti a sedere.
Nella strumentazione di bordo venne integrato il GPS per la navigazione e la stessa venne adeguata all'impiego degli NVG e parallelamente anche l'illuminazione esterna venne modificata per rendere possibile il volo in formazione con gli occhiali di cui sopra.
Per assicurare la possibilità di atterrare in completa oscurità, anche i fari d'atterraggio furono integrati da un paio di lampade visibili ai soli NVG.
Per autoprotezione vennero montati dei supporti, nei pressi del portellone laterale destro e della porta di carico sinistra, a cui ancorare due mitragliatrici MG-42/59 da 7,62 mm per una difesa di punto.
Un impianto di protezione composto da lanciatori di chaffs e flares e da sistemi di rilevamento Radar e Laser permetteva una protezione dalle minacce missilistiche, mentre l'equipaggio venne protetto da una corazzatura in kevlar per l'intero pavimento dell'abitacolo e per le componenti più delicate, cosi come dello stesso materiale furono rifatte le armature dei seggiolini dei piloti.
All'esterno invece le modifiche immediatamente visibili (a parte la nuova illuminazione) erano date dal

the target was to reach a 24/24 capability and continues. All this underlined the need to build a rotating wing component that meets the needs of aero cooperation with San Marco and above all entirely dedicated to it.
With the arrival of Charlie and Delta series, the older versions were approaching obsolescence and a possible update, besides being expensive, would not have greatly increased their war operability.
So, it was decided to assign all the Alpha to support missions for the amphibious troops, with specific modifications to the helicopters, to adapt them to the new role, which made it almost a version in its own right. In the mid-1990s, several Alpha airframes remained in active service or better, for some, in storage ready for a possible return to service. Practically all, if we exclude the 6-07 and the 6-09 WFU due to airframe stress and used for training on the ground, and on 6-03, an example often linked to experimental projects and at the time used for the certification of Marte missile.
Thus, they were available for NLA conversion the 6-01, 6-02, 6-04, 6-05, 6-06, 6-08, 6-10 and 6-12. Not all were converted to the "amphibious" version and in any case not all of them simultaneously. In principle, the changes concerned the complete disassembly of all ASW and ASuV mission devices (including the bulky radome for the radar) thus completely clearing the cargo compartment for a configuration with 18 seats. The onboard instrumentation was integrated with GPS for navigation and the same was adapted to the use of NVGs and in parallel also the external lighting was modified to night flight in formation.
To ensure the possibility of landing in complete darkness, the landing lights were also integrated with a pair of lights visible only to NVG. For self-protection, supports were mounted, near the right-side door and the left loading door, to hold two 7.62 mm MG42/59 machine guns for point defence. A protection system composed of chaffs and flares launchers and Radar and Laser detection systems allowed protection from missile threats, while the crew was protected by a kevlar armour for the entire cargo floor and, as well as the same material, for the most delicate, armouring pilots' seats.
On the outside, however, the immediately visible changes (apart from the new recognition light systems) were anti-sand filter, made by the English Pall, mounted in front of air intakes and directly borrowed from the equipment in service in the Royal Navy on their Sea King, Commando version, which, among other things,

vistoso filtro antisabbia dell'inglese Pall montato prima delle prese d'aria e direttamente mutuato dalle dotazioni in servizio presso la Royal Navy sui propri Sea King della versione Commando che, tra le altre cose, evitava il lavaggio dei motori ad ogni missione.
La collaborazione con i britannici fu molto estesa e ricordiamo diversi piloti, nostri e loro, in reciproco "pilot exchange" per acquisire competenze specifiche e scambio di informazioni e tattiche.
La dedicata versione Commando prodotta dalla Westland inglese venne studiata in modo molto approfondito e diverse altre componenti furono considerate utili per i nostri SH-3D NLA.

avoided engine cleaning after every mission. The collaboration with the British was very extensive and we remember several pilots, ours and theirs, in mutual "pilot exchange" to acquire specific skills and exchange of information and tactics. The dedicated Commando version produced by the English Westland was studied in depth and several other components were considered useful for our SH-3D NLA.
In particular, the barycentric hook system for carrying materials was adopted, the use of which was then extended to other versions of Sea King when engaged in VOD or VERTREP operations,

Sequenza completa, avvicinamento, atterraggio e discesa di una pattuglia di assaltatori durante un'esercitazione. (tutte Autore)

Complete sequence of approach, landing and descent of a SOF patrol an exercise. (all Author)

Ci si imbarca sui Sea King per un'attività addestrativa notturna. (Autore)
Embarking aboard Sea King for a night training activity. (Author)

In particolare venne adottato il sistema di carico baricentrico per i materiali il cui utilizzo venne poi esteso anche alle altre versioni di Sea King quando impegnate in operazioni VOD o VERTREP, mentre sul vano d'accesso del portellone sul lato destro venne montata una struttura tubolare per agevolare le discese con la fune (il "Barbettone") ed un predellino per un migliore abbandono del vano di carico da parte delle truppe trasportate.
Da sottolineare come la rimozione di gran parte delle strutture necessarie per l'adattamento dell'elicottero al supporto anfibio, abbia di fatto alleggerito il grosso Sea King, a tutto vantaggio delle prestazioni e della sua maneggevolezza.
Con la progressiva radiazione degli esemplari della serie Alpha che avevano raggiunto il fine vita operativo, anche alcuni Bravo furono modificati in NLA.
In particolare parliamo di sei esemplari, il 6-13, 6-14, 6-21, 6-23, 6-24 e 6-25, che mantennero però la possibilità di venir riconvertiti in mezzi per il contrasto di superficie con il missile Marte.
Degli altri 6 Bravo, due, il 6-15 ed il 6-19, risultano radiati già nei primi anni del nuovo millennio, probabilmente per eccessiva usura, mentre gli ultimi quattro, il 6-16, 6-18, 6-20 e 6-22 rimangono assegnati ai due

while a tubular structure was mounted above the rear access door, to facilitate the descents with the rope (the "Barbettone") and a running board for a better vehicle's abandonment from the cargo compartment by the troops transported. It should be emphasized that the removal of most of the structures necessary for the adaptation of the helicopter to the amphibious support, has in fact lightened the large Sea King, to the full advantage of its performance and ease of handling. With the progressive radiation of the Alpha series that had reached the end of their operational life, some Bravo were also modified in the NLA.
In particular, we note that six examples, the 6-13, 6-14, 6-21, 6-23, 6-24 and 6-25 were converted, which however maintained the possibility of being reconverted into ASuV contrast with the Marte missile. Of the other six Bravo, two, the 6-15 and the 6-19, were already WFU in the early years of the new millennium, probably due to excessive wear, while the last four, the 6-16, 6-18, 6-20 and 6-22 remained assigned to the two helicopter groups currently equipped with Sea King, the 1st

gruppi elicotteri al momento dotati di Sea King, il 1° ed il 3° GrupElicot, sia per impiego in congiunzione con il missile Marte, che per sgravare dei compiti addestrativi le due versioni più giovani.
Questi sei esemplari, oltre ad essere dotati di tutti i dispositivi accennati in precedenza, disponevano di un nuovo sistema di autoprotezione, il SIAP (Sistema Integrato di Autoprotezione Passiva), impiegato anche dall'Esercito italiano sui propri elicotteri.
Questo sistema gestiva tutti i sensori del tipo RWR,MWR ed LWR (Radar/Missile/Laser Warning Receiver) che sono disposti a copertura di 360° attorno all'elicottero, con installazione sul muso, sotto il trave di coda e sugli sponson del carrello.
Il SIAP, grazie ad una libreria interna, è in grado di riconoscere il tipo di minaccia e operare per eluderla anche in modalità automatica, utilizzando dei lanciatori di esche radar e luminose (chaff e flare), oltre ad un disturbatore all'infrarosso, contenuti in appositi alloggiamenti sul trave di coda e sugli sponson.
Ovviamente differente l'addestramento di base ricevuto dal personale di volo, il quale era sia diurno che notturno, strettamente legato all'esperienza di volo già cumulata, con una durata minima di tre mesi, fino a sei, con il quale si otteneva una LCR (Limited Combat Readiness) anfibia sul Sea King, periodo al quale era necessario aggiungere altri 18 mesi di attività

and 3rd GrupElicot, both for use in conjunction with the Marte missile, and to relieve the two younger versions from the training tasks. These six examples, in addition to being equipped with all the devices mentioned above, had a new self-protection system, the SIAP (Integrated Passive Self-Protection System), also used by the Italian Army on its helicopters.
This system managed all the RWR, MWR and LWR (Radar / Missile / Laser Warning Receiver) sensors, which are arranged to cover 360 ° around the helicopter, with installation on the nose, under the tail beam and on the undercarriage sponsons. The SIAP, thanks to an internal library, is able to recognize the type of threat and operate to evade it even in automatic mode, using radar and decoy launchers (chaff and flare), as well as an infrared jammer, contents in special slots on the tail beam and sponsons.
Obviously different the basic training received by the flight staff, which was both day and night, strictly linked to the flight experience already accumulated, with a minimum duration of three months, up to six, with which an amphibious LCR was obtained (Limited Combat Readiness) on the Sea King. To this was necessary to add another 18 months of training and operational

La MM5025N, elicottero della serie Bravo, che fu trasformata in NLA per sopperire alla radiazione degli esemplari della serie Alpha. (Autore)
MM5025N, a Bravo series helicopter, which was transformed into NLA to compensate Alpha series as were written-off. (Author)

In alto uno degli elicotteri d'assalto che ricevettero una mimetica sperimentale fu la MM5024N. (Autore) Sotto un Sea King impegnato in Afganistan. (MM)

Top: MM5024N was one of the assault helicopters painted with an experimental camouflage. (Author) Bottom: a Sea King assigned to Afghanistan. (MM)

addestrative ed operative per arrivare alla piena CR, ovvero alla qualifica di Capo equipaggio operativo. Da sottolineare che tutto il personale di volo della Sezione Operazioni Anfibie era già qualificato CR nel normale ruolo ASW, qualifica che veniva mantenuta e che permetteva una capacità di interscambio tra le due specializzazioni all'interno del medesimo reparto quasi immediata.
Ovviamente anche gli operatori di bordo erano qualificati tutti nel ruolo antisom, salvo poi seguire un apposito corso a Grottaglie per l'abilitazione anche al ruolo anfibio.

activities to get to the full CR, or to the qualification of Head of operational crew. It should be emphasized that all the flight personnel of the Amphibious Operations Section were already qualified as CR in the normal ASW role, a qualification that was maintained and which allowed an exchange capacity between the two specializations within the same Unit almost immediately. Obviously, also the operators on board were all qualified in the antisom role, only to then follow a special course in Grottaglie to qualify also for the amphibious role.

I Sea King furono utilizzati all'estero in diverse missioni di aiuto a popolazioni civili colpite da calamità naturali, in Italia e all'estero, e di supporto a reparti della Marina impiegati in teatri di guerra come quello afgano. (MM e C. Toselli)

The Sea King were used abroad in various missions to aid civilian populations stricken by natural disasters, in Italy and abroad, and to support naval units deployed in war theatres like the Afghan one. (MM and C. Toselli)

Special color e gate guardian

La mentalità marinaresca inquadra spesso il mezzo aereo come una componente delle unità navali, alla stessa stregua di un cannone o di un missile antiaereo e questo fa si da rivolgere l'attenzione più all'impiego operativo che non piuttosto all'aspetto "estetico" e goliardico dei propri mezzi aerei.

Negli anni gli elicotteri della Marina Militare italiana sono stati sempre dipinti nel medesimo grigio decisamente monotono, sia che fosse scuro, oppure chiaro in base al periodo storico, al massimo qualche grosso adesivo sulle fiancata e null'altro.

Ovviamente non è proprio così al 100% e qualche esempio fuori dal normale c'è stato, anche per i nostri Sea King.

Certo si tratta di eventi sporadici ed anche poco frequenti, che però ci permettono di affermare che non è vero che gli elicotteri della MMI siano stati tutti sempre così... "grigi".

Innanzitutto è il caso di partire dalle livree mimetiche sperimentali sfoggiate dagli SH-3D, per poi passare ad esaminare gli "special colors" ed infine gli esemplari rimasti come gate all'interno delle basi dell'Aviazione Navale.

Special colors and gate guardians

The seafaring mentality often frames the aircraft as a component of naval units, in the same way as a cannon or an anti-aircraft missile and this makes attention be directed more to the operational use rather than to the 'aesthetic' aspect and Goliardic of his aircraft. Over the years, the helicopters of the Italian Navy have always been painted in the same decidedly monotonous gray, whether it was dark or light according to the historical period, at the most some large stickers on the sides and nothing else. Obviously, it is not 100% exactly so and some examples out of the ordinary have been there, even for our Sea Kings.

Of course, these are sporadic and also infrequent events, which however allow us to say that it is not true that the MMI helicopters have always been so... "gray". First of all, it is appropriate to start from the experimental camouflage liveries sported by the SH-3D, and then go on to examine the 'special colours' and finally the few left as a gate guardian inside the naval aviation

Il 6-04 fu il primo Sea King a ricevere una mimetica speciale dedicata all'utilizzo quale mezzo d'assalto. (Autore)

6-04 was the first Sea King to receive a special camouflage dedicated to its assault role. (Author)

Uno dei Sea King con mimetica speciale fu la MM5024N. (Autore)

One of the Sea Kings with special camouflage was the MM5024N. (Author)

Dell'SH-3D si ha conoscenza di cinque differenti mimetiche sperimentali, ma non è detto che non ve ne siano state altre, magari durate soltanto un paio di giorni.

bases.

There were five different experimental camouflages regarding the SH-3D, but it is said that there have been others, perhaps lasting only

Altro interessante esempio di mimetizzazione dedicata fu la MM5025N che ne ricevette ben due differenti. (C. Toselli)

Another interesting example of dedicated camouflage was the MM5025N which received two different ones. (C. Toselli)

Il primo mezzo di cui abbiamo conoscenza è l'esemplare codice 6-04, assegnato al Nucleo Lotta Anfibia del 4° Gruppo elicotteri e colà impiegato in supporto alle truppe anfibie del S. Marco.
Esso ricevette sopra la verniciatura standard in grigio scuro FS36099, più mani di nero e verde, con molta probabilità di tipo lavabile.
La coccarda era ancora del formato a grande dimensione, ma con il bianco ridotto ad una sola sottile striscia.
Tutta la numerazione, anch'essa nel formato grande, la scritta MARINA ed il disco con l'ancora, vennero pitturate in grigio chiaro per diminuirne la visibilità.
Questo elicottero pur non avendo completato la conversione nell'apposita variante per il supporto anfibio, disponeva già del filtro antisabbia dell'inglese Pall.
Altro Sea King mimetico è stato, tanto per cambiare, il solito 6-01, che passato anch'esso al 4° Gruppo Elicotteri ricevette una mimetica sperimentale con bande verticali in verde secondo alcune fonti, ma più probabilmente in un grigio medio tendente ad una tonalità azzurra, almeno secondo le impressioni che ne sono derivate dall'aver visto alcune fotografie del soggetto.
Il colore di fondo è già il grigio chiaro opaco FS36440 mentre tutta la numerazione e le coccarde sono già nella versione ridotta a bassa visibilità.
Queste due colorazioni sono durate soltanto pochi giorni e gli elicotteri sono ritornati ai primitivi colori di fondo nel giro di poco tempo.
Più a lungo invece le colorazioni sperimentate dai Sea King del 1° Gruppo Elicotteri di Luni (SP), nell'ambito del supporto alle Forze Speciali del GOI (Gruppo Operativo Incursori).
Il primo mezzo con colorazione speciale è stato il 6-23, un Bravo modificato per l'impiego del missile

a couple of days. The first airframe we know was the one coded 6-04, assigned to the NLA of the 4th Helicopter Group and used there in support of San Marco navy infantry. It received above the standard painting in Dark Gray FS16099, some patches of black and green, most likely of the washable type. The roundel was still of the large type, but the white was reduced to a single thin strip. All the numbers, also in large format, the word MARINA and the disk with the anchor, were painted in light gray to decrease their visibility.
Although this helicopter did not complete the conversion into the appropriate variant for the amphibious support, it already had the English Pall sand filter. Another camouflaged Sea King was (just for a change...) the usual 6-01, which also transferred to 4th Helicopter Group, received an experimental camouflage with vertical bands in green according to some sources, but more likely in a medium gray tending to a blue hue, at least according to the impressions that resulted from having seen some photographs of the subject.
The background colour is already the opaque light gray FS36440 while all the numbering and roundels were already the low visibility type. These two colours lasted only a few days and the helicopters returned to the primitive background colour in a short time. For a longer time, however, Sea Kings of the 1st Helicopter Group of Luni (SP), in the context of support to the Special Forces of the GOI (Operating Group of the Raiders) retained the experimental camo. The first heli with a special livery was the 6-23, a

Marte, il quale venne ridipinto in maniera abbastanza cruda con del nero passato direttamente sopra la mimetica grigio chiaro con uno schema che sembra ispirarsi ai Westland Commando della Royal Navy.
Codici e coccarde sono in grigio e di dimensioni ridotte, in parte coperti dall'applicazione del nero. Sembrerebbe che anche il 6-20, ora conservato a Volandia, sia stato colorato in questo modo, ma personalmente questo esemplare lo abbiamo sempre visto nel classico grigio chiaro.
Ma certamente il più interessante di tutti è stato il "Bravo" 6-24, il quale ha ricevuto ben due mimetiche nel tempo, una più intrigante dell'altra.
La prima è molto simile a quella del 6-23, ovvero sul grigio chiaro di base con codici e coccarde ridotte, è stato passato un nero con uno andamento però differente.
Qui troviamo i settori in nero più ristretti e maggiormente curvilinei, generando un aspetto molto particolare che in seguito ha fatto soprannominare "Elimucca" questo mezzo al reparto.
Per farsi un'idea più precisa, l'andamento della colorazione era simile a quella di alcuni HH-3E durante il conflitto in Vietnam.
Successivamente, grossomodo nel 2001-2002, momento della missione della Marina Militare italiana in Afghanistan nel contesto di "Enduring Freedom",

Bravo modified for the use of the Marte missile, which was repainted quite roughly with black over the light gray camouflage with a pattern that seems to be inspired by the Westlands Royal Navy commando. Codes and roundels are in gray and low-viz, partially covered by black paint application. It would seem that even the 6-20, now preserved at Volandia museum, could have been painted in this way, whereas we have always seen this example in the classic light gray.
But certainly, the most interesting of all was the "Bravo" 6-24, which received two camouflages over time, one more intriguing than the other.
The first painting was very similar to 6-23, that is, on the basic light gray with reduced codes and roundels, a black overpaint was placed with a different pattern, however.
Here we find the narrowest and most curvilinear sectors in black, generating a very particular pattern, that later made this unit to nickname it "Elimucca" (Helicow). To get a better idea, the livery was similar to that of some HH-3E during the Vietnam conflict.
Subsequently, roughly in 2001-2002, when the Navy choppers were sent to Afghanistan, in the context of "Enduring Freedom" mission, it was embarked on the Garibaldi and repainted with

Ancora la MM5025N con una variante della mimetica della fotografia precedente. (Autore)
Still MM5025N with a variant of previous photograph camouflage. (Author)

venne imbarcato sul Garibaldi e riverniciato con una livrea a tre toni.
Sempre sopra il grigio chiaro della colorazione standard venne passato un nero ed anche un terzo colore che è stato variamente identificato nel tempo.
Per molti questo era un azzurro medio e l'intero schema richiamava moltissimo, anche se con il nero al posto del blu scuro, la bellissima colorazione dei Sea King di produzione Agusta venduti all'Iran.
Abbiamo avuto personalmente l'opportunità di vederlo da vicino sul Garibaldi al ritorno da Enduring Freedom.
Purtroppo era in manutenzione in hangar, dove le luci non sono il massimo per fare fotografie, però a noi il terzo colore non è sembrato per nulla un azzurro, ma piuttosto un sabbia molto chiaro.
È probabile che tutto sia nato da un equivoco legato al viraggio delle immagini in circolazione.
Per quanto riguardano i mezzi commemorativi, diversi Sea King della Marina Militare italiana hanno avuto scritte o stemmi particolari applicati, magari nel contesto di missioni internazionali o commemorazioni, ma di esemplari veramente Special Color possiamo annoverarne soltanto due, entrambi realizzati dal 3° Gruppo elicotteri.
Il primo è il 6-32, primo esemplare della sottoversione Delta ed oggi conservato a Luni in predicato di diventare un futuro Gate guardian, il quale venne colorato con tre vistosi tridenti gialli, due sulla fusoliera ed uno sulla prua del velivolo, nel 1998 per festeggiare i trent'anni di attività del 3° Grupelicot, tutti sul "Re del Mare".

a three-tone livery. Still, over the basic standard light gray colour, a coat of black and a third colour, that has been variously identified over time, was applied. For many, this was a medium blue and the whole pattern recalled very much, even if with black instead of dark blue, the beautiful colour of the Sea King produced by Agusta sold to Iran. We had the opportunity to picture it up close on Garibaldi on his return from Enduring Freedom. Unfortunately, it was under maintenance in the hangar, where the lights are not the best for taking pictures, but the third colour did not seem to us at all a blue, but rather a very light sand. It is likely that everything was born from a misunderstanding related to the known images colours shades. As for commemorative ones, several Sea Kings of the Italian Navy have had particular writings or coats of arms applied, perhaps in the context of international missions or commemorations, but of truly Special Colour examples we can only count two of them, both made by the 3rd Helicopter Group.
The first is 6-32, the first example of the Delta subversion and today preserved in Luni in the predicate of becoming a future Gate guardian, which was coloured with three showy yellow tridents, two on the fuselage and one on the bow of the aircraft, in 1998, to celebrate 3rd GrupElicot thirty years of activity, all aboard the "King of the Sea". The encore was made ten years later in 2008 with the 6-37, the last SH-3D delivered and also the last model still

L'elegante special color del Grupelicot 4. (C. Toselli)
4th Grupelicot elegant special color. (C. Toselli)

Una serie di immagini, anche di particolari, della MM81183, special color del 3° Grupelicot. (Autore)

A series of images, including details, of MM81183, special color belonging to 3rd Grupelicot. (Author)

Il bis venne fatto dieci anni dopo nel 2008 con il 6-37, ultimo SH-3D consegnato ed anche ultimo esemplare ancora in servizio con il 3° Gruppo ormai in fase avanzata di conversione sull'EH-101.
Questa volta lo schema era un po' più complesso, con una grossa ancora nera che dal muso finiva sulla fusoliera, da cui si dipartivano due ali gialle.
Completava il solito tridente sul muso che sovrastava un enorme stemma della Marina Militare.
Per quanto invece riguarda i gate guardian, i velivoli dismessi posti a guardia delle basi aeree, c'è da sottolineare come l'Aviazione Navale abbia dimostrato una sensibilità sulla conservazione della propria storia delle migliori.
Neppure l'Aeronautica Militare italiana può vantare di aver conservato tutti gli aerei ed elicotteri dall'inizio della sua storia, mentre l'Aviazione Navale conserva tutt'oggi il primo elicottero arrivato nel 1956.
Ma andiamo per ordine!
Su ogni Stazione Elicotteri della Marina Militare, così come nella MarStAer di Grottaglie sono conservati i mezzi che hanno fatto la storia dell'Aviazione Navale italiana e tra questi, naturalmente, diversi Sea King.
Innanzitutto a Catania troviamo l'esemplare 6-33, inizialmente nella colorazione grigio mare scuro ed i codici bianchi ad alta visibilità di cui era ancora dotato al momento della radiazione, il quale è stato poi riverniciato con uno schema apposito per commemorare i 100 anni della componente aerea della MMI sul lato destro, mentre sul sinistro i 50 anni della Stazione Elicotteri di Catania.
Il già citato esemplare della serie Bravo, il 6-20, è invece conservato in Lombardia a Volandia, mentre a Grottaglie troviamo, secondo le nostre informazioni, almeno tre diversi esemplari.
Uno è sicuramente un Alpha, il 6-06, in configurazione per il supporto anfibio con tanto di filtro antisabbia Pall davanti le prese d'aria, il secondo dovrebbe essere il più volte citato 6-23, mentre il terzo invece merita un discorso a parte.
Stiamo parlando sempre del 6-01, primo esemplare per la MMI, prodotto negli stabilimenti della Sikorsky negli Stati Uniti ed anche primo esemplare a venir trasformato nella versione NLA.
Questo si può riassumere come la "summa" di quanto detto finora, ovvero elicotteri con mimetiche speciali, gate guardian e special color.
Infatti in occasione del Centenario dell'Aviazione navale, concomitante con la messa a terra di questi elicotteri, è stato innanzitutto dotato di una particolare mimetica, passando del verde scuro sopra il classico grigio chiaro con cui era colorato il mezzo nell'ultimo periodo di operatività.
A questa livrea è stato aggiunto un grande stemma del 4° GrupElicot sulla fiancata, dal quale esce fuori una pantera nera, call-sign del Reparto operazioni

in service with the 3rd Group, at the moment in the advanced conversion phase on the EH-101.
This time the pattern was a little more complex, with a large black anchor that ended up on the fuselage, from which two yellow wings branched out. It completed the usual trident on nose that overlooked an enormous Navy's coat of arms.
As for the gate guardians, the decommissioned aircraft guarding the air bases, it must be underlined how the Naval Air Force has shown a sensitivity about preservation of its history at their best. Not even the Italian Air Force can boast of having preserved all the planes and helicopters since the beginning of its history, while the Naval Air Force still preserves the first helicopter arrived in 1956.
On every Navy's helicopter station, as well as in the MariStaAer of Grottaglie, the vehicles that have made the history of the Italian Naval Aviation are preserved, among which, of course, several Sea Kings.
First of all, in Catania we find the 6-33, initially in the extra dark sea gray colour and the high visibility white codes, which still wore when was written-off. It was then repainted with a special scheme to commemorate the 100 years of the aerial component of the MMI on the right side, while on the left the 50 years of the Catania Helicopter Station. The aforementioned example of the Bravo series, 6-20, is instead preserved in Volandia Museum, close to Malpensa Airport, while in Grottaglie we find, according to our information, at least three different helicopters.
One is definitely an Alpha, the 6-06, in amphibious support configuration and equipped with a Pall sand filter in front of the air intakes, the second should be a lot mentioned 6-23, while the third instead deserves a description itself. We talked quite a lot about the 6-01, the first SH-3 for MMI, produced in the Sikorsky plants in the United States and also the first one to be transformed into the NLA version. This can be summarized as the "summa" of what has been said so far, becoming the helicopters that was, in different times, a special camouflage, gate guardian and special colour. In fact, for the Centenary of the Naval Aviation occasion, concomitant with the grounding of these helicopters, it was firstly equipped with a particular camouflage, wearing dark green band over the classic light gray, with he wore its last period of operation.
A large coat of arms of the 4th GrupElicot has been added to this livery on the side, from which comes a black panther, call-sign of the Amphibious Operations Unit, to which are added

Anfibie, a cui si aggiungono poi i nastrini che illustrano tutte le missioni in Italia ed all'Estero che ha svolto la linea Sea King. Infine, questo mezzo è stato posto come gate a Grottaglie.

Per completare, alcuni esemplari sono accantonati a Luni, tra cui il già citato 6-32, per cui è possibile che nel medio periodo anche questa base possa sfoggiare un esemplare di Sea King, che ha operato dalla base ligure con il 1° Gruppo Elicotteri per molti anni prima di venir sostituito dall'AW-101 Merlin.

the ribbons that illustrate all the missions, in Italy and abroad, where the Sea King participated. Finally, this vehicle became a Grottaglie gate guardian. To complete, some examples are stored in Luni, including the aforementioned 6-32, so it is possible that in the medium term also this base may show off a Sea King, which operated from the Ligurian base with the 1st Helicopter Group for many years before being replaced by the AW-101 Merlin.

La MM81200, ultimo Sea King consegnato alla MM, special color nel 2008. (Autore)

MM81200, the last Sea King delivered to MM, special colour in 2008. (Author)

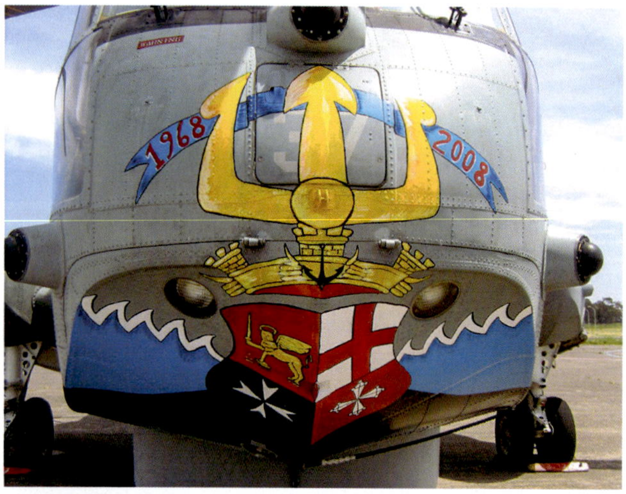

In missione con il Sea King

Gli elicotteri SH-3 della Marina Militare italiana spesso sono stati considerati alla stessa stregua degli MPA, grazie soprattutto alla loro autonomia che permette, trasferimenti inclusi, almeno due, due ore e mezzo di ricerca "on station".
A differenza degli MPA, gli elicotteri lavorano sempre in coppia, riuscendo ognuno a coprire in due ore una superficie di almeno 200 miglia quadrate.
Nella missione che vi raccontiamo i mezzi impiegati sono infatti due, il 6-32 del 3° Gruppo elicotteri ed il 6-31 del Servizio Volo del Garibaldi.
Il nostro bersaglio è un SSK, cioè un battello convenzionale, della classe Agosta della Marina Militare spagnola, il Siroco.

In mission with the Sea King

The Italian Navy's SH-3 helicopters have often been considered the same as MPAs, thanks above all to their range which allows transfers, including at least two, two and a half hours of "on station" research.
Unlike MPAs, helicopters always work in pairs, each managing to cover an area of at least 200 square miles in two hours. In fact, about the mission we are describing, the assets used were two, the 6-32, 3rd Helicopter Group and 6-31, at that moment embarked aboard Garibaldi Flight Service. Our target was an SSK, that is a conventional boat, a Spanish Navy Agosta class, the Siroco. Unlike NHS search, where the

Pronti per la missione! (Autore)

Ready for the mission! (Author)

Sea King in hovering impegnato nell'utilizzo del sonar. (Autore)

Sea King in hovering, actually deploying its sonar. (Author)

A differenza della ricerca degli SSN, dove vengono utilizzate come primo dispositivo di ricerca le boe sonore, qui il sensore primario di ricerca è il radar, in quanto un battello convenzionale ha maggiore bisogno di salire a quota periscopica non soltanto per l'osservazione, ma soprattutto per la ricarica delle batterie.

Ovviamente il sensore secondario è il sonar che viene utilizzato in base alla tattica come idrofono passivo, oppure come vero e proprio goniometro.

Dopo un approfondito briefing prevolo, ci avviamo verso l'elicottero, nel nostro caso il 6-32, e dopo i controlli

sound buoys are used as the first search device, here the primary search sensor is the radar, as a conventional boat needs more to climb to periscopic altitude not only for observation, but especially for recharging batteries.

Obviously, the secondary sensor is the sonar that is used according to the tactics as a passive hydrophone, or as a real protractor. After an in-depth pre-flight briefing, we head towards the helicopter, in our case the 6-32, and after the ritual checks and engines starting, received

di rito e la messa in moto dei motori, alla clearance della torre di controllo decolliamo con una breve rincorsa, dirigendoci subito verso la zona d'operazioni.
A bordo troviamo quattro membri d'equipaggio, il Capoequipaggio che normalmente si occupa della conduzione del grosso elicottero, il secondo pilota che svolge anche il compito di TACCO (Tactical Coordinator) e due operatori ai sistemi, uno al radar ed il secondo al sonar.
Le tattiche utilizzate sono completamente differenti da quelli impiegate sui grossi pattugliatori ad ala fissa come poteva essere l'Atlantic.
Se infatti all'inizio lo standard prevedeva di demandare la fase di ricerca del sottomarino ai pattugliatori Atlantic, mentre gli elicotteri si occupavano soltanto della conferma del bersaglio e del suo attacco grazie al loro sonar, in seguito un po' l'indisponibilità per obsolescenza delle cellule degli Atlantic, non più adatti al ruolo AS, un po' i continui contatti con la comunità di Sea King statunitense e, soprattutto, britannica, hanno portato ad un utilizzo più spinto del Sea King stesso, prevedendo non soltanto l'attacco del bersaglio, ma anche la sua ricerca, fase di solito svolta dagli MPA.
Tutto questo pur in mancanza di determinate dotazioni come le boe sonore passive omnidirezionali ed il rilevatore di anomalie magnetiche, sistemi elettronici caratteristici degli aerei antisom e presenti sugli SH-3 inglesi e della U.S. Navy, la cui assenza costringe ad un lavoro sempre in coppia.
Arrivati sull'area d'operazione, i due elicotteri si dividono equamente l'area di ricerca ed iniziano a procedere compiendo un "deep and jump", ossia si fermano in hovering a 40 piedi circa dalla superficie del mare ed immergono la "palla" del sonar rimanendo così in ascolto per diversi minuti.
Se l'operatore acustico non riporta in questa fase alcun segnale (ricordiamo che stiamo lavorando in maniera del tutto passiva), si tira su il sensore e si salta ad una zona contigua successiva.
Nel frattempo l'operatore al radar marca tutti gli spot che appaiono sullo schermo ed in particolar modo segnala quelli che subito spariscono in modo repentino.
Dopo diverse decine di minuti di ricerca, l'operatore al radar rileva un "boogie" molto ben definito che improvvisamente dopo alcune spazzate del radar scompare.
Immediatamente viene avvertito il pilota che si porta sulla presunta verticale del contatto per un hovering con il sonar. Immersa la palla si inizia ad ascoltare senza però alcuna fortuna.
Poco sotto la superficie per la presenza di una corrente fredda si estende una grossa area poco penetrabile alle onde sonore, peraltro rilevata dalla informazioni termiche in possesso all'equipaggio.
Infatti pur non disponendo di boe batitermografiche, come sugli MPA, in grado di redigere una mappatura

control tower clearance, we took off with a short run-up, heading immediately towards the area of operations. On board we found four crew members, the Crew Chief who normally takes care of running the large helicopter, the second pilot who also performs the task of TACCO (Tactical Coordinator) and two system operators, one on radar and the second on sonar. The tactics used would be completely different from those employed on large fixed-wing patrol aircrafts like the Atlantic.
If, in fact, at the beginning, was standard procedure to leave submarine search phase to the Atlantic patrols, while the helicopters were only concerned with target confirmation and its attack thanks to their sonar, later due to Atlantic airframes unavailability and obsolescence, no longer suitable for the AS role, a bit of continuous contact with the American and, above all, British Sea King communities, led to a more intense use of the Sea King itself, not only predicting target attack, but also his search, a phase usually carried out by MPAs.
All this despite the lack of certain features such as omnidirectional passive sound buoys and a MAD (magnetic anomalies detector), electronic systems characteristic of antisom aircraft and present on the English and US Navy SH-3s, whose absence forces to work always in pairs.
Arrived on the operation area, the two helicopters equally divide the search area and begin to proceed by performing a "deep and jump", that is to say hovering at about 40 feet from the sea surface and immerse the "ball" (the sonar) thus listening for several minutes. If the acoustic operator does not report any signal at this stage (remember that they worked in a completely passive way), winch up the sensor and jump to a next contiguous area.
In the meantime, the radar operator marks all the spots that appear on the screen and in particular reports those that immediately disappear suddenly. After several tens of minutes of research, the radar operator detects a very well-defined "boogie" which suddenly disappears after a few sweeps of the radar.
The pilot is immediately warned, bringing the helicopter to the alleged contact's vertical for a sonar hovering. After the ball had been submersed, listening began, without any luck.
Just below the surface, due to the presence of a cold current, a large area extends which cannot be penetrated by sound waves, detected furthermore by the thermal info held by the crew.
In fact, even if there are no bathythermograph buoys, such as aboard MPA, capable of drawing

Questo è quello che vede l'equipaggio nella fase di avvicinamento e appontaggio su una nave della nostra Marina Militare. (Autore)

This is what the crew sees when approaching and landing abord Italian Navy ships. (Author)

termica "in loco", l'equipaggio dell'elicottero dispone di alcune simulazioni termiche redatte dall'Istituto Idrografico della Marina, che con le sue unità quotidianamente effettua rilievi in tal senso per tutto il Mediterraneo. Il Capoequipaggio propone di provocare il battello nemico.
Chiama l'altro Sea King poco distante e gli chiede di immergere il suo sensore acustico al di sotto dello strato cercando di captare in modo passivo il rumore del sommergibile.
Nel frattempo noi ancora in hovering con il sonar immerso a poche decine di metri iniziamo una ricerca attiva su tutta l'area interessata.
La speranza è che il comandante del battello sentendo i "ping" acustici del sonar sopra di lui, provi ad

up an "on-site" thermal mapping, the helicopter crew has some thermal simulations drawn up by the Hydrographic Institute of the Navy, which, with its units carries out daily reports for the whole Mediterranean Sea. The crew chief proposed to provoke the enemy boat. He called the other Sea King nearby and asked him to immerse his acoustic sensor below the layer, trying to passively pick up submarine's noise.
In the meantime, we still hovered with the sonar immersed a few tens of meters and began an active search on the whole area concerned.
The hope was that the sub Captain, hearing the acoustic "ping" of the sonar above him, would

immergersi in zone più sicure al disotto dello strato, venendo però intercettato dal sensore dell'altro elicottero in ascolto occulto.
Passa il tempo e non succede nulla, quando ad un certo punto l'operatore al radar del 6-31 segnala un'altra traccia a poche miglia di distanza, subito sparita dallo schermo.
Ovviamente il comandante del battello deve aver intuito che gli elicotteri vanno sempre in coppie e si è allontanato dentro lo strato per un po' di miglia a bassa velocità (due/tre nodi) per poi emergere a quota periscopica a dare un'occhiata al suo cacciatore.
Ai due elicotteri non resta che ripetere nuovamente la stessa tattica nella speranza che il battello si faccia sentire, dopo un po' però il livello "Bingo" del carburante viene raggiunto ed i due mezzi devono lasciare la zona e mettere la prua verso casa.
Resta comunque una grande soddisfazione per la missione, il battello ormai era in trappola e prima o dopo avrebbe dovuto salire a caricare le batterie.
Se fosse stata realmente una missione di guerra altri due elicotteri avrebbero iniziato laddove i primi avevano concluso.
Come dire: "Era soltanto questione di tempo".

try to immerse himself in safer areas below the layer, but would be intercepted by the sensor of the other helicopter in occult listening.
Time passed and nothing happened, when at a certain point the operator on the 6-31 radar signalled another track a few miles away, immediately disappearing from the screen.
Quite sure, the Captain must have sensed that the helicopters always go in pairs and he moved away inside the layer for a few miles at low speed (two/three knots) and then emerged at periscopic altitude to take a look at his hunters.
The two helicopters had no choice but to repeat the same tactic again hoping that the submerged boat would be heard.
After a while, however, the "Bingo" fuel was reached and the two vehicles must leave the area and turned their bow towards home.
However, great satisfaction remained for the mission, the boat was now trapped and sooner or later it would have to emerge and recharge the batteries. If it had really been a war mission, two other helicopters would have started where the first ones had ended.
As we say: "It was only a matter of time".

Un Sea King si appresta ad agganciare un carico di rifornimenti al gancio baricentrico. (Autore)

A Sea King prepares to hook up a supplies' load. (Author)

Il "Papacottero"

Quanti di voi avranno visto le immagini del Papa che lascia il Vaticano su di un elicottero?
Immaginiamo parecchi, anche l'elicottero bianco è un elemento ormai che va a braccetto con la Santa Sede. Quell'elicottero però non è del Vaticano, ma possiede una coccarda tricolore che lo assegna inequivocabilmente all'Aeronautica Militare italiana.
Il rapporto tra l'AMI e la Santa Sede è di lunga data. Fino a metà degli anni '90 la nostra aeronautica e

The "Papacottero" (Popecopter)

How many of you have seen the images of the Pope leaving the Vatican on a helicopter? We imagine several, even the white helicopter is now an element that goes hand in hand with the Holy See. That helicopter, however, is not from the Vatican, but wears a tricoloured roundel which unequivocally assigns it to the Italian Air

I due SH-3D/TS utilizzati dall'Aeronautica Militare per il trasporto VIP, le MM80972 e 80973. (archivi G. Gastaldi e A. Stepanovic)

The two SH-3D/TS used by the Italian Air Force for VIP transport, the MM80972 and 80973. (G. Gastaldi and A. Stepanovic archives)

l'Alitalia si dividevano il trasporto del successore di San Pietro in maniera equa, generalmente l'Alitalia sul lungo raggio e l'AMI sul medio/corto.
Tutto questo fino a che il Governo che rinnovò la flotta a metà anni '90 non chiese un contributo fisso, portando l'allora Segretario di Stato Vaticano a rompere definitivamente con l'AMI, affidandosi in toto alla compagnia di bandiera, con l'usanza del Vaticano di partire sempre con Alitalia e tornare con la compagnia di bandiera del paese che aveva ospitato il Papa.

Force. The relationship between ItAF and the Holy See is long-standing. Until the mid-90s our Air Force and Alitalia shared the transport of the successor to San Pietro fairly, generally Alitalia on the long haul and the ItAF on the medium / short. All this went on until the Italian government, renewing the fleet in the mid-90s, asked for a fixed contribution, leading the former Vatican Secretary of State to definitively break with the ItAF, relying entirely on the former flag carrier, with the custom of the Vatican always

Due immagini della MM80972 con la nuova colorazione. (G. Gastaldi e R. Allesina)
Two images of the MM80972 with the new paintwork. (G. Gastaldi and R. Allesina)

Due diverse riprese che permettono di apprezzare molti particolari della versione VIP del Sea King. (Autore)

Two different shots allowing to appreciate many details of Sea King VIP version. (Author)

L'unico mezzo dell'aeronautica a continuare ad essere impiegato è stato il "Pope One", ovvero i due SH-3D/TS in versione VIP.
Questi due Sea King sono stati gli unici esemplari impiegati in Italia al di fuori di quelli della Marina Militare italiana.
Entrambi erano stati acquistati nel biennio 1976-78 e soltanto qualche anno fa sono andati in pensione, dopo ben 35 anni di attività, iniziata durante il Pontificato di Sua Santità Papa Paolo VI, e conclusasi con l'ultimo volo effettuato il 17 ottobre 2012, con l'elicottero partito da Ciampino ed atterrato poco dopo a Vi-

to leave with Alitalia and return with the flag carrier of the country that had hosted the Pope. The only air force chopper to be used were the "Pope One", or the two SH-3D / TS in VIP version. These two Sea King were the only examples used in Italy outside those of the Italian Navy. Both had been purchased in the two-year period 1976-78 and only a few years ago they were retired, after 35 years of activity, which began during the Pontificate of His Holiness Pope Paul VI, and ended with the last flight made on October 17th 2012, when MM80973 left Ciampino and

SH-3D/TS MM90872, codice 31-1 del 93° Gruppo TS del 31° Stormo, Aeronautica Militare, Ciampino 1985

SH-3D/TS MM90872, code 31-1 assigned to 93rd Gruppo TS, 31st Stormo, Aeronautica Militare, Ciampino 1985

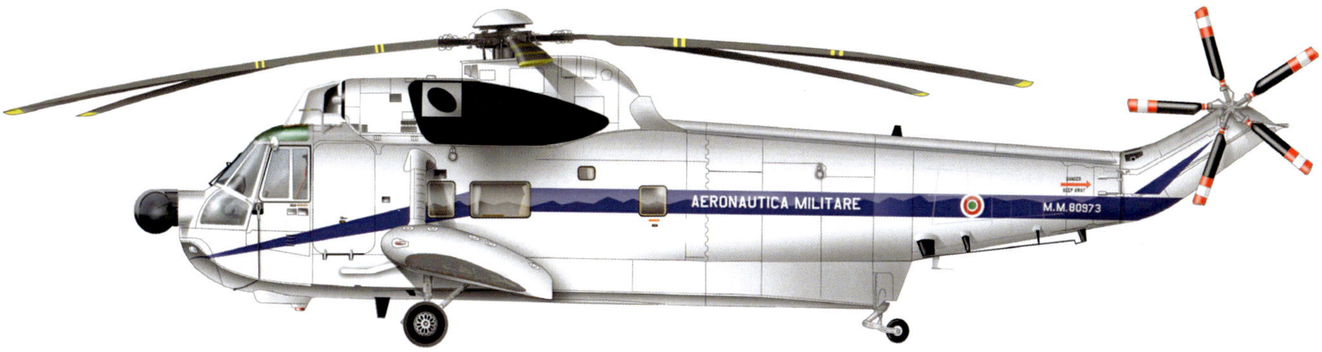

SH-3D/TS MM90873, 93° Gruppo TS del 31° Stormo, Aeronautica Militare, Ciampino 2012

SH-3D/TS MM90873, 93rd Gruppo TS, 31st Stormo, Aeronautica Militare, Ciampino 2012

gna di Valle per un meritato riposo ed essere esposto nel Museo dell'AMI.
Complessivamente hanno realizzato quasi 13.000 ore di volo, trasportando diversi sovrani esteri e membri di famiglie reali, ben 6 Presidenti della Repubblica e alte cariche di Stato italiane e straniere, come Carlo d'Inghilterra, Condoleezza Rice, Michelle Bachelet, Vladimir Putin, Dimitrij Medvedev, nonché i Papi Paolo IV, Carol Wojtyla e Benedetto XVI.
Questi elicotteri definiti come SH-3D/TS, dove le ultime lettere stanno ad indicare il particolare compito (Trasporti Speciali), erano allestiti in configurazione VIP atta a trasportare fino a 10 passeggeri più i due piloti ed un'assistente di volo, con interni forniti dalla Aviointeriors di Roma.
Vennero consegnati all'inizio in una colorazione grigio/bianco tipica dei mezzi del 31° Stormo dell'epoca e con i codici numerici 31-1 e 31-2, venendo incorporati nel 93° Gruppo.
Successivamente i codici furono rimossi e venne adottata una colorazione interamente bianca con un flash azzurro lungo tutta la fusoliera, verniciatura che è rimasta fino alla radiazione.
Nella realtà il "Papacottero" era uno soltanto e si distingueva innanzitutto per il quadro della Madonna di Loreto fissato all'interno della cabina per i passeggeri sopra il sedile in cui solitamente sedeva il Papa e regalato da Paolo IV.
Il secondo esemplare è sempre stato un mezzo di back up, ovvero da impiegare in sostituzione del pri-

landed shortly after in Vigna di Valle for a well-deserved rest and to be exhibited in the ItAF Museum. Altogether they have made almost 13,000 flight hours, transporting several foreign sovereigns and members of royal families, as many as six Presidents of the Republic and high Italian and foreign state offices, such as Charles of England, Condoleezza Rice, Michelle Bachelet, Vladimir Putin, Dimitrij Medvedev , as well as Popes Paul IV, Carol Wojtyla – Joannes Paul II and Benedict XVI. These helicopters, defined as SH-3D / TS, where the last letters indicate the particular task (Special Transport), were set up in a VIP configuration capable of carrying up to 10 passengers plus the two pilots and a flight attendant, with interiors provided by Rome based Aviointeriors They were initially delivered in a gray / white colour typical of the 31st Stormo at that time and with the numerical codes 31-1 and 31-2, being incorporated into the 93rd Gruppo. Subsequently, the codes were removed and an entirely white colour was adopted with a blue flash along the entire fuselage, painting that remained until the radiation. In reality, the "Papacopter" was only one and was distinguished primarily by the picture of the Madonna of Loreto fixed inside the passenger area above the seat where the Pope usually sat and donated by Paul IV. The second example has always been a back-up vehicle, that was to be used in place of the first

La scaletta di accesso e l'allestimento interno della MM80972. (R. Allesina e M. Serrano)

The access ladder and the internal configuration of MM80972. (R. Allesina and M. Serrano)

mo quando non disponibile.
La fusoliera era divisa in due compartimenti separati, il primo destinato all'equipaggio di volo di tre persone, la seconda parte invece costituita dalla zona VIP, a sua volta suddivisa in due zone.
La prima dotata di due poltrone contrapposte, delle quali quella di fronte al finestrino più grande era quella solitamente utilizzata dal Pontefice, ed un divano per tre passeggeri, per un totale di cinque posti, ed una seconda zona con poltrone per 5/6 persone, una piccola galley ed una toilette.
L'accesso avveniva attraverso la classica porta con scaletta posta sul muso a sinistra, mentre il portellone destro era sostituito da un'identica porta con scaletta che permetteva l'accesso al vano posteriore.
Dal punto di vista tecnico, spesso questo mezzo viene indicato come la versione italiana del Sikorsky VH-3D statunitense utilizzato per il trasporto presidenziale.
Nella realtà l'Agusta lo estrapolò dalla versione antisommergibili definendolo come progetto AS-61A-4.
Le fusoliere degli esemplari navali e VIP sono identiche, con il duplice vantaggio industriale, vista l'unicità della cellula di base, ma anche operativo in quanto l'SH-3D/TS mantiene inalterate gran parte delle caratteristiche dei mezzi della MMI, dalla capacità anfibia e soprattutto dell'autonomia, che si avvicina alle 5 ore

when not available.
The fuselage was divided into two separate compartments, the first intended for the three-flight crew, the second part instead consisting of the VIP zone, which in turn was divided into two zones. The first equipped with two opposing armchairs, the one in front of the largest window was usually used by the Pope, and a sofa for three passengers, for a total of five seats, and a second area with armchairs for 5/6 people, a small galley and a toilet. Access was through the classic door with ladder located on left front, while the right door was replaced by an identical door with ladder that allowed access to the rear compartment.
From a technical point of view, this machine is often referred to as the Italian version of the US Sikorsky VH-3D used for presidential transport.
In reality, Agusta extrapolated it from the anti-submarine version, defining it as an AS-61A-4 project. The fuselages of the naval and VIP models are identical, with the double industrial advantage, given the uniqueness of the base airframe, but also operational, as the SH-3D / TS maintains most of the characteristics of the MMI vehicles, with the amphibious capability and above all, range, which approaches the

di volo complessive ad una velocità di crociera di 130 nodi (circa 240 km/h), inoltre sulla medesima cellula di base era possibile realizzare un versione VIP, così come una utility con spazio a bordo per un massimo di 20 passeggeri, più i due piloti.
Il rotore principale non ha le pale ripiegabili presenti per ovvi motivi sugli esemplari della Marina Militare italiana, continua però a mantenere la possibilità di ripiegare la parte posteriore di coda, quella contenente il rotore anticoppia.
Strutturalmente introduce alcune delle caratteristiche che sarebbero poi state delle serie Charlie e Delta dell'Aviazione Navale, come la protezione alle prese d'aria dei motori, oppure la barra di irrigidimento del pianetto orizzontale di coda.
Molto completa la dotazione avionica, con un autopilota stabilizzato sui tre assi ed elettronica di navigazione completamente IFR, con una dotazione di Flight Director, VOR, doppio VHF, UHF, Tacan, ILS e radar meteorologico, praticamente il medesimo APN-195 montato sulla serie Bravo della MMI.
Gli sponson sono stati estesamente modificati: su quello destro è stato montato un'Auxiliary Power Unit (APU) in un caratteristico radome per assicurare la necessaria energia elettrica per il decollo da aeroporti non assistiti ed in assenza di carrelloni elettrici, mentre quello sinistro è allungato e finisce con una grigliatura perché contiene l'impianto di condizionamento.
Soltanto alla fine degli anni '90 questi due esemplari subirono un update avionico che portò a nuovi sistemi di navigazione, tra cui un GPS integrato, un indicatore d'assetto e di direzione SHRS ed infine una nuovo radar, lo AN/APN-195 già montato sugli HH-3F, con una maggiore capacità risolutiva e cartografica.
Anche questa versione ebbe un discreto successo commerciale, con tre esemplari consegnati all'Iran dello Shah Mohammad Reza Pahlavi, ben 6 all'Iraq ed altrettanti all'Egitto ed infine, a quanto pare, due esemplari all'Arabia Saudita.

total of five flight hours at a cruising speed of 130 KTS. Also, on the same basic design was possible to create a VIP version, as well as a utility one, with space aboard for up to 20 passengers, plus the two pilots. The main rotor does not have the folding blades present for obvious reasons on the navalized examples, but continues to maintain the possibility of folding the rear part of the tail, the one containing the anti-torque rotor. Structurally, it introduces some of the features that would later be of the Charlie and Delta series of the Naval Aviation, such as engines' air intakes protection, or the stiffening bar for the horizontal tailplane.
The avionic equipment is very complete, with a stabilized three-axes autopilot and complete IFR navigation electronics, equipped with a Flight Director, VOR, double VHF, UHF, TACAN, ILS and weather radar, practically the same APN-195 mounted on the series Bravo of MMI. The sponsons have been extensively modified: on the right an Auxiliary Power Unit (APU) was mounted in a characteristic enclosure to ensure the necessary electricity for take-off from unassisted airports and in the absence of electric trolleys, while the left one is extended and ends with a grill because it contains the air conditioning system.
Only in the late 90s these two examples underwent to an avionic update that led to new navigation systems, including an integrated GPS, a SHRS attitude and direction indicator and finally a new radar, the AN / APN-195 already installed on HH-3F, with greater resolution and cartographic capability. This version also had a moderate commercial success, with three examples delivered to Shah Mohammad Reza Pahlavi Iran, as many as six to Iraq and as many to Egypt and finally, apparently, two examples to Saudi Arabia.

In decollo da Vigna di Valle e lo stemma papale visibile dal finestrino. (R. Allesina)
Taking off from Vigna di Valle and the papal coat of arms visible thru the window. (R. Allesina)

Note modellistiche AGUSTA / SIKORSKI SH-3D

Il più famoso elicottero occidentale moderno, reso celebre per il recupero delle capsule lunari e dalle innumerevoli missioni, di pace e di guerra di cui si è reso protagonista. Il Sea King è stato reso, modellisticamente parlando, sin dalla fine degli anni '60 del secolo scorso, in modo abbastanza esaustivo, anche per ciò che riguarda le decal aftermarket e i vari dettagli in PE o resina. Abbiamo realizzato una serie di tre kit, incrementando via via il livello di difficoltà, modificando così per una volta il nostro "modus" che solitamente presenta un modello realizzato "out of the box", in modo che sia facilmente accessibile ai modellisti agli inizi. Altra novità, le descrizioni dettagliate della realizzazione dell'Agusta/Sikorski SH-3D/TS dell'Aeronautica Militare e dell'Sikorsky SH-3D Sea King più famoso, l'Old 66, protagonista del recupero dell'Apollo 11, potrete leggerle sul nostro blog che trovate all'indirizzo http://www.aviastore.it/?page_id=25. In ogni caso, anche il modello principale di questa recensione, il Fujimi SH-3D utilizzato come kit di partenza, presenta delle peculiarità di colorazione e modifica che potrebbero essere difficoltose. Infatti, il modello necessita l'autocostruzione del radome sul muso, particolare impossibile da omettere, e i vari step per ottenere il rosso-arancio fluoerescente. Per il radar abbiamo usato un serbatoio supplementare di una Cicogna tedesca, assemblato e inserito in un foro atto a contenerlo, realizzato dimensionalmente consultando le varie foto disponibili. La costruzione degli interni è agevole, e aggiungeremo solo le cinture ai seggiolini, dato che dall'ampia finestratura si vedono molto bene. Gli interni li abbiamo dipinti in 36231 con particolari nero opaco e semilucio, mentre l'imbottitura dei seggiolini è arancione. Per la colorazione procederemo invece, una volta chiusa la fusoliera, come segue: una mano di primer Tamiya, poi con il bianco Gunze verniceremo le zone interessate. Realizzeremo per prima la fascia gialla, mascherando accuratamente la zona interessata. Poi con l'Humbrol 209, diluito almeno al 70% andremo, con pazienza, a sovrapporre più mani, sino ad ottenere il risultato desiderato. Quando sarà asciutto daremo subito una mano di trasparente lucido per proteggerlo e per poter mascherare con tranquillità l'applicazione del grigio. Tutti i finestrini e l'abitacolo saranno mascherati accuratamente con il nastro Tamiya o similare, dato l'alto numero di frame componenti la vetratura dell'abitacolo. Le pale del rotore pricipale andranno verniciate superiormente in un grigio simile al 36375 e nero opaco inferiormente; quello di coda, seguendo i bordi segnati sul modello, a bande alternate rosse/bianche/rosse ed il resto in bianco semilucido. Malgrado la piccola scala e qualche licenza poetica, in particolare sul carrello, otterremo sicuramente un gran modello del "Re del mare".

Modellers' notes AGUSTA / SIKORSKI SH-3D

The most famous modern western helicopter, made famous for the recovery of the lunar capsules and the countless missions of peace and war in which it has become the protagonist.

The Sea King has been rendered, model-speaking, since the late 60s of the last century, in a fairly exhaustive way, also as regards the aftermarket decals and the various details in PE or resin. We have made a series of three kits, gradually increasing the level of difficulty, thus modifying for once our 'modus' which usually presents a model made 'out of the box', so that it is easily accessible to modellers in the beginning.

Another novelty, the detailed descriptions of the construction of the Air Force Agusta / Sikorski SH-3D / TS and the most famous Sikorsky SH-3D Sea King, the Old 66, protagonist of the recovery of Apollo 11, you may read these on our blog, easy to find at: http://www.aviastore.it/?page_id=25.

In any case, even the main model used for this review, the Fujimi SH-3D used as a starter kit, has some peculiarities about coloring and modification that could be difficult for newcomers. In fact, the model requires the self-construction of the nose radome, a detail impossible to omit, and the various steps to obtain the fluorescent red-orange. For the radar we used an external fuel tank one belonged to a German "Stork", assembled and inserted in a hole designed to contain it, dimensionally made by consulting the various photos available.

The interior construction is easy, and we will only add the belts to the seats, since they can be seen very well from the large windows. We painted the interiors in 36231 with details in matt and semi-gloss black, while the padding of the seats is orange. For coloring the fluo zones we will proceed instead, once the fuselage is closed, as follows: a coat of Tamiya primer, then with Gunze white we will paint the affected areas. We will first create the yellow band, carefully masking the affected area. Then with Humbrol 209, diluted at least 70%, we will patiently overlap several light hands until the desired result is obtained.

When the dayglo dries, we will immediately apply a coat of glossy transparent to protect it and to be able to mask the application of gray with ease. All windows and the passenger compartment will be carefully masked with Tamiya tape or similar, given the high number of frames that make up the interior glazing. The main rotor blades will be painted on the top in a gray similar to 36375 and matt black on the bottom; the tail one, following moulds' edges, with alternating red / white / red bands and the rest in semi-gloss white. Despite the small scale and some poetic license, in particular on the landing gear, we will certainly get a great model of the 'King of the sea'.

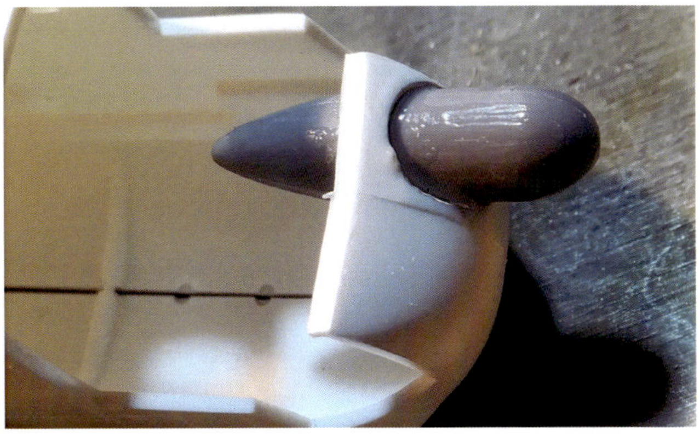

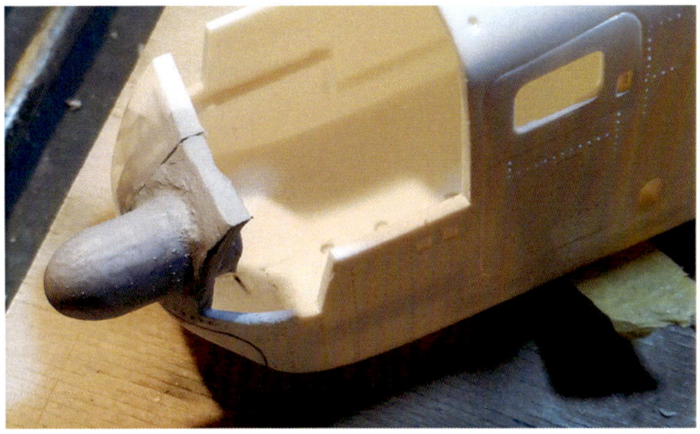

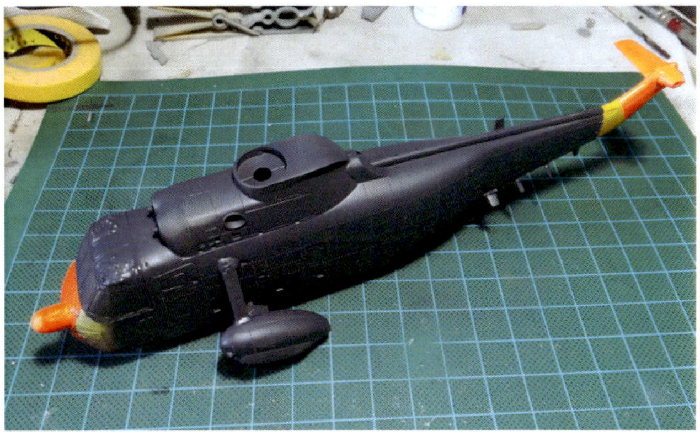

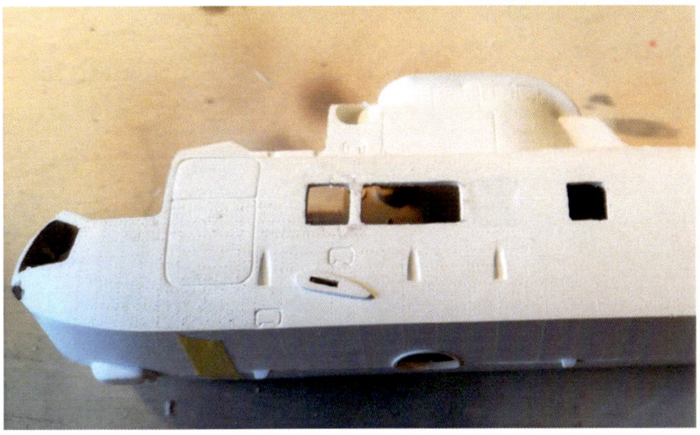

Scala	Produttore	Numero kit	Modello / versione
Scale	*Manufacturer*	*Kit number*	*Model / version*
1/144	AFV Club	0046	SH-3A/D
1/144	Heliborne Collection	vari	SH-3
1/144	Sweet	14-D001	HSS-2A / S-61A
1/100	Revell	4020	SH-3A
1/100	Tamiya	94099	SH-3D
1/72	Fujimi	72072	SH-3D
1/72	CyberHobby	A04056	SH-3
1/72	Dragon	vari	SH-3
1/72	Airfix	vari	Sea King
1/72	Revell	vari	SH-3
1/72	Testors	340	SH-3D
1/72	Lindberg	7410	Sea King
1/48	Revell	vari	Sea King
1/48	Hasegawa	vari	Sea King

Nota: I kit Revell e Tamiya in scala 1/100 sono lo stesso stampo; i kit CyberHobby e Dragon in scala 1/72 sono lo stesso stampo; i kit Airfix, Airfix USA, Heller, MPC, Carmichael in scala 1/72 sono lo stesso stampo; i kit Fujimi, Fujimi Scalecraft, Testors, Revell, Astromodel e Italeri in 1/72 sono lo stesso stampo; i kit Revell e Hasegawa in scala 1/48 sono lo stesso stampo.

Note: 1/100 scale Revell and Tamiya kits are the same mold; 1/72 scale CyberHobby and Dragon kits are the same mold; 1/72 scale Airfix, Airfix USA, Heller, MPC, Carmichael kits are the same mold; 1/72 Fujimi, Fujimi Scalecraft, Testors, Revell, Astromodel and Italeri kits are the same mold;1/48 scale Revell and Hasegawa kits are the same mold.

Sotto: i modelli dell'SH-3D MM5016N 6-14 (Fujimi); a sinistra la conversione da kit Airfix del SH-3D/TS 31-1 MM80972 31° Stormo Ciampino; a destra "Old 66" kit Italeri (Fujimi) 24 luglio 1969 USS Hornet.

Below: the models of SH-3D MM5016N 6-14 (Fujimi); on the left the conversion from the Airfix kit of SH-3D / TS 31-1 MM80972 31st Stormo Ciampino; on the right 'Old 66' kit Italeri (Fujimi) July 24th, 1969 USS Hornet.

Nella pagina seguente, alcuni boxart dei kit disponibili.
Next page, some boxarts of available kits.

Dettagli comuni	Common details
Interni in 36231, 37038 o 34251 o combinazioni	*All interior 36231*
Pannello strumenti e consoles 27038	***Instrument panel and side consoles 27038***
Sedili: imbottitura 20000, corpo 26231, cinture in grigio medio	*Seats 20000, frames 36231, safety harness in medium gray*
Interno vani carrelli, gambe e cerchi in 17875	***Landing gear: wells, struts and wheelshub 17875***

SIKORSKY SH-3D Kit Fujimi
Libretto istruzioni di otto pagine
62 parti + 9 trasparenti
Rapporto qualità / prezzo ★★★★☆
Facilità di montaggio ★★★★☆

SIKORSKY SH-3D Fujimi kit
Eight pages instructions booklet
75 parts + 2 clear
Price vs. Quality rating ★★★★☆
Assembly rating ★★★★☆

Colore / colour	FS	Tabella A.M.	Humbrol	Tamiya	Gunze Sangyo
Extra Dark Sea Grey	16099	GRIGIO MARE EXTRA SCURO 1	112	XF71	H083
International Orange	28915	GIALLO ARANCIO FLUORESCENTE 25	209	n/a	H98 +/-
Yellow	23538	+/- GIALLO LIMONE 22	81	XF3 +/-	H4 +/-

Matricola Militare / serial	Modello / Model	codice / code	note / notes
MM5003N	Alpha	6-01	costruito negli USA / built in the USA - Gate Guardian a Grottaglie
MM5004N	Alpha	6-02	primo consegnato il 10/12/1968 / first delivered on Dec. 10 1968
MM5005N	Alpha	6-03	usato per certificazione missile Marte / used for Marte missile certification
MM5006N	Alpha	6-04	trasformato in NLA con camouflage / transformed in NLA with camouflage
MM5007N	Alpha	6-05	trasformato in NLA / transformed in NLA
MM5008N	Alpha	6-06	trasformato in NLA / transformed in NLA - Gate a Grottaglie
MM5009N	Alpha	6-07	radiato 30/9/2000 per usura / WFU on Sept. 30 2000
MM5010N	Alpha	6-08	trasformato in NLA / transformed in NLA
MM5011N	Alpha	6-09	radiato 30/9/2000 per usura / WFU on Sept. 30 2000
MM5012N	Alpha	6-10	priva di radar per supporto SOF / radar free utility for SOF Support
MM5013N	Alpha	6-11	priva di radar per supporto SOF / radar free utility for SOF Support
MM5014N	Alpha	6-12	trasformato in NLA / transformed in NLA
MM5015N	Bravo	6-13	trasformato in NLA / transformed in NLA
MM5016N	Bravo	6-14	trasformato in NLA / transformed in NLA
MM5017N	Bravo	6-15	radiato 30/9/2000 per usura / WFU on Sept. 30 2000
MM5018N	Bravo	6-16	vettore missili Marte / Marte missile Vector
MM5019N	Bravo	6-18	vettore missili Marte / Marte missile Vector
MM5020N	Bravo	6-19	impiegato dal 200 per training a terra / used since 2000 for ground training
MM5021N	Bravo	6-20	usato per certificazione missile AS-12 / used to certify AS-12 missile
MM5022N	Bravo	6-21	trasformato in NLA / transformed in NLA
MM5023N	Bravo	6-22	vettore missili Marte / Marte missile Vector
MM5024N	Bravo	6-23	trasformato in NLA con camouflage / transformed in NLA with camouflage
MM5025N	Bravo	6-24	trasformato in NLA con camouflage / transformed in NLA with camouflage
MM5026N	Bravo	6-25	trasformato in NLA / transformed in NLA
MM81111	Charlie	6-26	colorazione grigio scuro FS36099 / dark Grey colour FS36099
MM81112	Charlie	6-27	colorazione grigio scuro FS36099 / dark Grey colour FS36099
MM81113	Charlie	6-28	colorazione grigio scuro FS36099 / dark Grey colour FS36099
MM81114	Charlie	6-29	colorazione grigio scuro FS36099 / dark Grey colour FS36099
MM81115	Charlie	6-30	colorazione grigio scuro FS36099 / dark Grey colour FS36099
MM81116	Charlie	6-31	sonar AQS-18
MM81183	Delta	6-32	special color 3° Gruppo Elicotteri / Helicopter Group
MM81184	Delta	6-33	commemorativo / commemorative - gate a Catania
MM81185	Delta	6-34	Missione Lonte con scritte ONU / Mission Leonte with UN writing
MM81186	Delta	6-35	sonar AQS-18
MM81187	Delta	6-36	sonar AQS-18
MM81200	Delta	6-37	special color ultimo 3° Gruppo / special color last 3rd Gruppo - sonar ASQ-18
MM80972	SH-3D/TS	c/n 6101	AM / ItAF 31° St. codici / codes 31-1 / gate a Ciampino
MM80973	SH-3D/TS	c/n 6102	AM / ItAF 31° St. codici / codes 31-2 / museo Vigna di Valle